실무자를 위한 사사(社史) 제작의 모든 것

사사 오디세이

사사 오디세이

초판 1쇄 발행 2017년 9월 20일

글 : 서병훈 강한기
디자인 : 김범서
발행인 : 전상삼
발행처 : 세상의 아침

출판등록 : 2002년 6월 26일 제 2002-126호
주소 : 서울시 마포구 토정로 222
전화 : (02) 323-6114
팩스 : (02) 334-9108
값 : 17,000 원
ISBN 978-89-92713-09-2
　　　03320

실무자를 위한 사사(社史) 제작의 모든 것

사사 오디세이

서병훈 • 강한기 지음

기업 실무자를 위한
사사 편찬의 모든 것

필자는 현재 사사 집필 및 기획 작가로 활동하고 있다. 대기업에서 두 차례에 걸쳐 사사 담당자 역할을 맡았었다. 보기 드문 영광스러운 경험이었다. 대개 기업은 10년마다 사사를 제작하는데 홍보팀이나 총무팀에서 20년 근무하기도 쉽지 않고 거기에 사사를 잇따라 담당하는 경우는 드물 것이다.

처음에는 자료 수집과 집필을 맡아 결과물을 내놓았고, 10년 후 두 번째는 기획을 마치고 전문회사 선정 단계에서 기업 내부 사정으로 접어야 했다. 사사의 달고 쓴 맛을 모두 경험한 셈이다.

사사 제작을 처음 맡게 된 담당자의 막막한 심정을 누구보다 잘 알고 있다. 필자 역시 경력직원으로 입사한 지 3개월 만에 임원 방으로 불려가 사사 집필을 맡았다. 돌아 나오는데 막막했다. 마땅히 참고할 책도 없었다. 좌충우돌 우여곡절, 별의별 일을 다 겪었다. 마지막 원고를 털고 자정이 넘어 사무실을 나서던 크리스마스 이브 자정을 잊지 못한다.

오랜 경력을 자랑한다 하더라도 사사 업무는 누구에게든 낯설고 힘들다. 필자가 만난 대기업 담당자들은 사사 업무가 어렵다고 하소연한다.

- 사사 업무를 맡은 뒤 책상에 앉았는데 무엇부터 시작해야 하는지 막막했다.
- 10년 전에 사사를 만든 선배들을 찾았지만 기억이 가물가물하다며 고개를 저었다.
- 전문회사를 찾아 도움을 얻으려고 하는데, 옥석 가리기가 쉽지 않다.
- 합리적인 가격인지, 좋은 집필작가인지 판단하기가 어려웠다.
- 전문회사들의 프리젠테이션을 들어도 다 엇비슷한 느낌이다.

앞에서 든 예시들은 시작에 불과하다. 오너나 최고경영자 인터뷰, 원고 감수, 디자인 선정 단계까지 가게 되면 사사(社史)가 아니라 사사(死死)라는 생각이 절로 든다. 도움을 얻을까 싶어 전문회사를 찾아도 자신들 시각에서 말하는 것이 눈에 보일 정도다. 현재 출간된 사사 제작과 관련한 책들도 도움이 안 된다. 필자가 사사를 담당했을 때, 서너 권의 책을 구입해 보았으나 결과는 실망뿐이었다.

기업 실무자 입장이 아니라 '(작가 입장에서) 원고를 어떻게 쓰는지, (북 디자이너 입장에서) 디자인은 어떻게 해야 하는지' 등의 내용만 나열되어 있었다. 원고를 어떻게 쓸지, 디자인을 어떻게 해야 할지에 대한 고민은 명확히 말하자면 기업 실무자 일이 아니다.

기업 실무자는 사사를 전반적으로 기획하고, 어떤 방침으로 일을 추진할지 결정해야 한다. 그 과정에서 일을 조율하고 기업 입장을 사사에 반영해야 한다. 원고를 쓰기보다는 원고에 대해 올바른 평가를 내려야 한다. 디자인을 직접 하는 것이 아니라 어떤 디자인이 필요한지 점검해야 한다.

실제로 팀장이나 임원에게 보고할 사사 기획서 작성이나 인터뷰이 섭외 시 주의할 사항이나 회사 내부자료를 수집하는 노하우에 대해 알려준 책이나 가이드는 지금까지 없었다.

이 책은 철저히 기업 실무자들에게 도움이 될 수 있도록 기획되었다.

책을 직접 만들어야 하는 작가나 디자이너, 사사 제작 전문회사의 입장이 아니라 순전히 기업 실무자들 입장에서 해야 할 일, 보다 잘 할 수 있는 방안을 상세하게 담았다.

여러 가지로 부족한 탓에 필자 혼자 이 책을 집필하기가 버거웠다. 강한기 작가의 손을 빌려 원고 상당 부분을 채웠다. 강 작가는 20여 년 동안 수십 권의 사사를 기획 및 집필해왔다.

정글을 건너가는 세 가지 방법이 있다고 한다. 우선 중장비를 사서 길을 만들어 가거나, 둘째로 무작정 뛰어들어 몸으로 때워가며 정글을 헤쳐 나간다. 마지막으로 먼저 정글을 지나간 사람들이 만들어놓은 소로를 따라 간다.

이 책이 사사 담당자들에게 소로가 되었으면 하는 바람이다.

2017년 가을

서병훈 • 강한기

part 3 / 우리 회사에 어떤 사사가 필요한가

part 4 / 사사는 어떻게 제작되는가

고민의 시작,
맨 땅에 헤딩하기

긴긴 업무의 시작

임원실을 나서는 김 팀장이 긴 한숨을 내쉰다. 담당 임원의 부름을 받고 들어갈 때까지만 해도 꼿꼿했던 모습은 간 곳 없다. 상무는 이런저런 업무를 지시하던 끝에 한마디 던진다.

"50주년이 2년 남았으니 사사(社史) 준비해야지. 사장님 지시사항이니까 기획서 만들어서 보고해. 40년사 만든 지가 엊그제 같은데 벌써 10년이나 지났네."

3년 전에 전출 온 김 팀장. 홍보팀을 맡고서 40년사를 한번 훑어본 게 고작인데 사사를 직접 만들라니? 부랴부랴 사람을 찾아본다.

"사사 만들어 본 사람 있나?"

직원들 표정이 서늘하게 느껴진다. 생각해보니 있을 리가 없다.

"20년간 홍보팀에 계셨던 오 상무님이 40년사를 만드셨어요."

유일한 경험자라곤 담당 임원뿐이다. 그렇다고 임원한테 제작방법을 물어볼 수도 없는 노릇이다. 일단 제작물 담당 직원에게 사사 제작 기획서를 품의하라고 지시한다. 담당자 역시 곤혹스럽다.

대부분 기업은 10년 단위로 사사를 만든다. 10년 동안 한 팀에서 근무한 직원은 드물다. 사사 제작 업무를 맡은 홍보팀도 마찬가지. 설혹 전임 사사 담당이 있더라도 사사를 맡기에 버거운 헤비급인데다 10년 전 일이라 기억이 가물가물하다. 결국 담당은 10년 이내 대리나 과장급에게 돌아간다.

사보나 브로슈어 제작 경험이 있더라도 사사의 무게에 짓눌린다. 들은 풍월이 빨간 벽돌처럼 양쪽 어깨에 올라탄다.

"2, 3년 가는 장기프로젝트다. 몸 고생 맘 고생이 이만저만 아니다."

"회장님이 각별히 신경을 쓴다. 잘해 봐야 본전이다. 잘못하면 욕 먹기 십상이다."

보고서를 작성해야 하는데 아는 거라고는 들은 풍월 뿐이지, 눈 앞이 아득하다. 그동안 경험을 바탕 삼아 동종업계 기업들 홈페이지에 들어가거나 휴대폰을 꺼내 연락처를 살핀다. 최근에 10년 주기가 돌아온 기업들을 찾아 사사 발간 여부를 확인한다. 지인 가운데 사사 제작 경험자를 찾아본다. 해당 기업이나 지인이 있다면, 걱정 끝 행복 시작. 이들로부터 달콤 쌉싸름한 사사 제작 경험을 경청하면 대충 감이 잡히기는 한다.

사사를 발간한 동종 기업도, 경험 있는 지인도 없다고 땅이 꺼져라 한숨만 쉴 수는 없다. 안 되면 방법을 찾아야 하는 것이 비즈니스맨이니. 어느 곳이든 최근 사사를 발간한 기업의 담당자를 찾아간다. 열에 아홉은 친절한 미소로 당신을 반긴다. 그는 당신 처지를 누구보다 잘 안다. 그도 이미 겪어야 했던 고민이기 때문이다.

또 다른 방법은 직접 사사를 보는 것이다. 백 번 이야기 듣는 게 한

번 보느니만 못한 법. 보고 만져 봐야 실감이 난다. 사사를 양껏 볼 수 있는 곳은 서초동에 위치한 국립중앙도서관과 여의도 국회도서관이다. 우리나라에서 발간된 사사는 이곳으로 빠짐없이 모인다. 두 도서관 모두 주민등록증이나 운전면허증을 소지한 우리나라 국민은 누구나 편안하게 이용할 수 있다. 단, 쉬는 날(법정 공휴일, 월요일)에 유의하자.

가장 중요한 것, 최고경영자의 의지

처음 사사를 기획하고 입안할 때 가장 중요한 것은 무엇일까?

두말할 필요가 없다. 사사 발간에는 최고경영자의 의지가 실려야 한다. 최고경영자의 지시로 첫발을 떼기도 한다. 상당수 기업들은 과거 제작 경험이 있는 부서에 지시가 떨어진다. 대부분 홍보팀이나 기업문화팀 몫이다. 이런 조직이 없는 경우, 총무팀이나 인사팀, 또는 기획팀에 돌아간다

사사 발간 경험이 많은 기업은 해당부서가 먼저 기안해서 보고하기도 한다. 대다수 기업은 10년 단위로 창립기념 행사를 대대적으로 치른다. 행사 주관부서가 창립기념 사업의 하나로 사사 발간을 추진한다. 담당부서가 기안한다 해도 결정은 최고경영자가 내린다.

사사 발간을 지속해온 기업은 기업사에 대해 각별한 관심을 갖고 있다. 기념사업과 별도로 5년 또는 10년 단위로 사사를 내는 게 정례화되어 있다. 이때도 최고경영자의 의지를 확인해야 한다.

단언컨대 어떤 형태로 추진되든 사사는 최고경영자의 관심사이다. 자신이 수장으로 있는 기업의 역사, 곧 자신이 이끌어온 역사를 책자로 남기는 일이다. 사사 제작에 들어가면 편찬위원회를 구성하는데 위

원장은 대부분 최고경영자를 최측근에서 보필하는 경영층에서 맡는다. 이것만 봐도 최고경영자의 의지를 읽을 수 있다.

사사 편찬기획서를 품의하면 사사 제작에 대한 최고경영자의 생각을 확인할 수 있다. 그리고 보고서에 최고경영자가 사인을 해야 예산이나 조직 등을 확보할 수 있다. 사사의 첫걸음은 바로 이러한 편찬기획서, 다시 말하면 품의 문서다.

타 기업의 사례를 조사하고 경험담을 듣는다 해도 품의서 작성은 까다롭다. 타 기업 사사를 몇 권 보고, 또 제작 사례를 듣는다고 해도 작성하기가 쉽지 않다. 우리 회사의 문화가 타 기업과 다르고, 처한 상황이나 여건 또한 차이가 난다. 품의서는 시작에 불과하다. 2년여 긴 시간 동안 무수히 많은 일들이 꼬리에 꼬리를 물고 일어난다. 이 일들 가운데 한, 두 가지를 건너뛰거나 실수를 하면 돌이킬 수 없는 결과를 낳는다.

이 책에는 사사 담당자가 사사 편찬을 하면서 겪게 될 크고 작은 일이 담겨 있다. 기획, 자료수집 및 취재, 집필, 제작 등 편찬 순서에 따라 배열되어 있다. 특히 전문회사와 작가 선정에 상당한 비중을 두었다. 사사 편찬의 전부라고 해도 될 만큼 중요하다. 사사 담당자라면 전반적으로 한번 통독하고 현재 업무를 목차에서 찾아 정독하면 도움이 될 듯하다.

전문가와 상담하라

사사 경험을 가진 기업의 담당자를 만나고 여러 사사를 접해보면 많은 도움이 된다. 그렇다고 해서 일의 순서가 잡히고 정리가 잘 될까. 손에 꽉 잡히기 보다는 모래알처럼 손가락 사이로 빠져나가는 느낌이랄까. 사사 제작 기획을 짜기에는 여전히 무리다. 특히 처음 사사를 만들어야 하는 기업 담당자라면.

어느 사례를 언급해 보고자 한다. A사의 담당자와 사사 기획과 관련된 이야기를 나눈 적이 있다. 이 담당자는 누구나 인정하는 마당발이었다. 사사 담당자로 지목되자 새로운 프로젝트를 맡으면 으레 그렇듯 벤치마킹에 나섰다.

동종업계에서 사사를 발간한 경험이 있는 기업 담당자에게 음료수를 사 들고 찾아갔다. 두 차례에 걸쳐 경험담을 듣자 고개가 끄덕여졌다.

기획서를 써서 팀장한테 보고하고 자신 있게 팀장과 함께 임원 방을 두드렸다. 생각과는 달리 기획서를 살펴본 임원은 조목조목 따졌다. 사사 경험이 있었던 임원 눈에 그 기획서는 날탕으로 보였다고 한다. 팀장과 담당자는 진땀을 한 바가지나 쏟고 물러나왔다.

대체 왜 이런 일이 생긴 것일까? 아무리 초안이 좋다 해도 사사를 경험한 사람들의 눈에는 허점이 보인다. 미사여구로 치장된 기획서에 담기지 못한 것은 바로 '경험'이다. 이럴 때 전문가의 손길이 필요하다. 사사 전문회사에 기획서를 들고 가 마사지를 받으면 완성도가 높아진다. 사사 제작 전문회사라면 구체적인 방법론을 제안해줄 것이다.

비용은 안 든다. 전문회사는 쌍수를 들고 환영한다. 이들 입장에서는 미래의 고객에게 서비스를 해주는 차원이다. 우리나라에서 전문회사라고 해 봐야 10곳 미만에 불과하다. 일주일만 투자해도 모두 만나볼 수 있다. 후일, 이들과 상담한 결과는 전문회사를 선정할 때에도 도움이 된다. 각 회사의 특성이 무엇인지, 사사에 대해 어떤 철학을 갖고 있는지 미루어 짐작할 수 있다.

괜히 미안한 마음을 가질 필요가 없다. 어떤 실무자는 단 한 회사의 도움만 받기도 한다. 경험에 비추어 보면 십중팔구 그 회사의 의도와 전략에 휘말릴 수 있다. 적어도 두 회사 이상에게 상담을 받아봐야 유리하다. 전문회사와 미팅할 때는 평소 궁금하거나 우리 회사에서 추진할 때 해결하기 어려운 점 등 미리 물어볼 사항을 정리해놓는다. 무작정 만나면 전문회사의 홍보성 자랑만 듣게 된다.

소형 레코더나 핸드폰을 이용해 녹음한다. 들을 때는 알 것 같아도 나중에 고개를 갸웃거리게 된다. 녹음을 해오면 다시 들으면서 꼼꼼하게 되짚어볼 수 있다.

5W+1H만 알면 '성공'

사사 편찬의 키 포인트

"우리 회사는 매우 보수적인 회사입니다. 이럴 때 어떻게 시작해야 할까요?"

"CEO가 외국에서 오래 공부하셔서 한국의 장서형 사사를 싫어하세요. 그럼 어떤 방법이 있을까요?"

"우리 회사는 자료 보관이 거의 안 되어 있다고 보시면 됩니다. 그래도 사사를 만들 수 있나요?"

10여 년 동안 사사 제작을 하면서 가장 많이 들었던 이야기들이다. 이런 질문을 받을 때마다 난감하기는 전문회사도 마찬가지다. 사사 제작과 관련된 목적이나 방향성이 아니라 취향이 먼저 나오면 답은 늘 뻔하다. 위의 질문은 사실 모든 회사가 마찬가지이다. 우리나라 기업 임원들은 대부분 '보수적'인 경우가 많고, 오너 일가는 유학파라고 보아도 무방하다. 미비한 자료도 마찬가지다. 사사를 만드는 사람들 사이에 떠도는 이야기 가운데 이런 것들이 있다.

- 본사가 한 번 이전하면 초창기 역사 20년이 사라진다.
- 인력 구조조정이 있을 때마다 10년의 역사가 사라진다.
- 업무 혁신이 한 번 이루어지면 5년의 역사가 사라진다.

성장 하느라 바빠, 매출을 올리느라 바빠 역사 정리가 거의 안 된 것은 공통 현상이다. '기업문화'나 '기업 사료 관리' 해외 세미나에 참석해서 만난 해외 유수 기업 담당자들도 같은 고민거리를 안고 있었다. 급격한 성장을 이룩한 우리나라 기업은 오죽 하겠는가?

따라서 전문회사를 만나 도움을 얻으려면 막연한 질문으로는 곤란하다. 막연한 질문은 막연한 답변만 가져올 뿐이다.

과연 어떤 질문을 갖고 가야 할까? 그럴 때 필요한 것이 바로 '5W+1H'다. 이런 질문과 고민을 함께 해야 비로소 기획서가 손에 잡힌다. 안개가 걷히고 사사 발간으로 가는 소로도 보인다.

5W+1H는 별거 아니다. 학창시절 누구든 글쓰기 시간에 육하원칙에 대해 배운 적이 있다. '누가, 언제, 어디서, 무엇을, 어떻게, 하였다.' 육하원칙에 영어 옷을 입힌 5W+1H이다. '하였다'를 빼고 'Why'만 대신 넣으면 된다. 조금 더 구체적으로 정리하면 다음과 같다.

- 왜(Why) : 사사를 만드는 목적은 무엇인가?

  사사 발간을 통해 얻을 수 있는 기대효과는 무엇인가?

- 누가(Who) : 편찬 조직은 어떻게 구성해야 하는가?

  전담인력은 몇 명이 필요한가?

  우리 회사 사정상 전담 팀 구성이 쉽지 않다. 그럴 때의

  해결방안은?

우리 회사 상황에 맞는 작가는 누구인가?

기타 조직 구성, 담당자 선정 조건, 전문업체 선정 방안,

작가 선정 방안 등

• 언제(When) : 제작기간은 얼마나 소요되는가?

발간 예정일은 언제인가?(창립기념식, 창립 기념 해의 성과를

넣어 이듬해 발간 등)

우리 회사는 어떤 주기로 사사를 발간할까?

(10년 주기, 25주년 주기 등)

• 어디서(Where) : 편찬실은 어떻게 확보할 것인가?

공간 확보가 어렵다면 어떤 곳을 주 근거지로 삼아 장기

프로젝트를 수행할까?

• 무엇을(What) : 아웃풋 이미지는 어떻게 구상할까?(사사, 사사+디지털 사사,

사사+아카이빙 북 등)

발행부수는 몇 권이나 해야 하는가?

(도서관 배포, 임직원 수 감안)

• 어떻게(How) : 예상 제작비는 어느 규모인가?

일정을 어떻게 관리할까?

자료 수집과 취재는 어떻게 할 것인가?

이상의 질문 가운데 담당자가 미리 고민해야 할 항목도 있다. 예컨대 'Why', 'When', 'How' 등은 전문회사의 도움을 얻기가 어렵다. 각 회사들만의 특성이 담겨야 하기 때문이다. 타 회사의 사례를 취재하면 도움을 얻을 수 있다.

이런 항목으로 전문가의 상담을 받아 기업 사정에 맞게 5W+1H를 잘

녹여 넣으면 백 점짜리 사사 기획서가 된다. 물론 처음 상부에 보고할 기안서류에 이러한 내용이 정확하게, 장황하게 들어갈 필요는 없다. 개괄만 정리해도 충분하다. 큰 아웃 라인만 정리되면 상부의 재가를 받기 쉽다.

5W+1H가 중요한 이유는 또 있다. 보고서 작성은 물론, 사사 편찬의 모든 것이라고 해도 무방하다. 이제 5W+1H를 차근차근 하나씩 짚어가면서 기업 담당자의 궁금증을 풀어보도록 하자.

Tip! 타사의 편찬후기를 살펴보라

¤ 5W+1H에 대해 알게 되었으니 타 기업 사사를 다시 한 번 펼친다. 목차, 화보, 본문, 자료, 연표 등을 살펴본다. 처음 볼 때 아무 생각 없이 넘겼던 것들의 의미가 새롭게 느껴진다.

사사의 '후기'를 유심히 볼 것을 권한다. 각 기업의 사사 발간 목적과 의의, 그리고 제작 과정에서 겪은 많은 고충이 잘 표현되어 있다. 우리 사사의 발간 목적과 의의를 어떻게 설정할지 되짚어본다. 사사 편찬은 거기서부터 시작된다. 그들이 겪은 고충은 곧 내가 맞이하게 될 미래이다.

왜, 사사를 편찬하는가

사사 편찬의 첫 발

발간 목적이
중요한 이유

비즈니스 문서 서식이 그렇듯 대개 맨 앞 장을 차지하는 것은 발간 의의 및 목적이다. 최고경영자 지시에 의해 제작하는 경우라 해도 명확한 목적을 찾아야 어떤 방향으로 책을 제작할지 결정된다.

발간 의의는 기획서 맨 앞에 자리잡는다. 의미 없는 사업을 할 이유는 없다. 대개 발간 의의 및 목적은 세 가지 측면에서 찾을 수 있다. 대내적 의의 및 대외적 의의, 과거 역사에 대한 조망 및 미래 비전에 대한 응집력, 소명에 대한 정리 등이다. 이를 일반화하면 다음과 같다.

대상

• 내부 대상 : 임직원들에 대한 자긍심 고취

　　　　　　　직원들의 업무에 도움이 되는 아카이빙 기능

• 외부 대상 : 취업준비생 및 청년들에게 우리 회사를 알리는 홍보수단

　　　　　　　우리 회사 역사에 대한 대외적 가치 제고

　　　　　　　기자·정부·금융기관 등에 회사의 역사와 비전을 알리는 방편

지향

- 과거 역사 : 도전과 혁신으로 이어온 지난 역사에 대한 기록 보존
- 현재 모습 : 오늘날 우리 모습에 대한 조망
- 미래 비전 : 향후 경영에 대한 지침서, 비전 달성을 위한 공감대 형성

대개 이런 식으로 정리하고 나면 하나하나 방향이 잡힌다. 직원들에게 자긍심을 주고자 한다면 사원 1인당 1권 배부, 혹은 팀당 1권 배부 등 배포 부수에 대한 가이드가 생긴다. 만약 대외에 더 많이 배포하려면 국내 도서관 숫자, 대학 도서관 숫자 등을 확인한다. 참고 삼아 정리하면 국내 주요 도서관은 약 150여 곳이며, 주요 4년제 대학 수는 약 300곳, 언론·공공기관 등은 약 400곳 정도로 계산하면 된다. 제작 방향과 활용 방안에 대한 가이드 라인도 생긴다. 대개 활용 방안을 정리하면 다음과 같다.

- 사원들에게 배포, 도전과 혁신의 역사 공유
- 퇴직 임직원들에 대한 감사의 의미 전달
- 창립 기념행사 시 봉정식을 마련하여 자축의 의미 극대화
- 임직원 및 신입사원 교육용으로 활용
- 기자 및 대외 인사들에게 회사의 우수한 성과 부각
- 학계 및 업계를 연구하는 학자들에 대한 자료제공
- 국회의원, 정부 관계자 등에 회사의 입장 전달
- 보도자료 배포를 통한 대언론 홍보

기업 역사의 정립

불가능한 도전,
읽히는 사사 만들기

한때 사사를 만든 기업 담당자들 사이에는 이런 이야기가 떠돈 적이 있다.

'사사를 읽는 사람은 세 명이다. 기업 담당자, 감수자, 그리고 10년 후 사사를 맡게 될 담당자다.'

우스갯소리 같지만 필자 또한 그런 고민을 늘 해왔다. 한 번은 이런 생각이 든 적도 있었다.

'사사를 만드는 데 들어가는 비용은 2억 원 정도다. 그런데 대외홍보용 사사를 만든다면서 제작부수는 1,000권밖에 되지 않는다. 한 권당 20만 원짜리 책이지만 탄생과 동시에 도서관이나 서고로 직행한다. 차라리 그 돈으로 광고를 하는 게 효과적이지 않을까?'

과연 어떻게 해야 읽히는 사사, 활용되는 사사를 만들까? 전문회사 기획자들을 만나 이런 고민을 털어 놓았지만 그들은 대개 뜬구름 같은 이야기를 늘어놓기 일쑤였다. 사사 전문회사가 내놓는 방법은 다음과 같은 것들이다.

"책의 판형을 작게 하고, 지면을 줄여 컴팩트한 사사를 만들면 됩니다."

"원고를 쉽게 쓰고 에피소드를 많이 넣으면 됩니다."

"화보와 사진을 많이 넣어 보는 사사를 만들겠습니다."

그런 이야기를 들을 때마다 실망감을 느꼈다. 책의 판형이나 지면을 줄이면 '우리 회사의 역사를 정리하겠다'는 애초 목적은 사라지는 게 아닐까? 원고를 쉽게 쓰면 된다고 하는데 그렇다면 기존 사사는 일부러 어렵게 쓰여진 것일까? 화보와 사진을 많이 넣으면 된다고 하는데 그럴 바에야 화보집이나 영상을 만들지 굳이 복잡한 단계를 거쳐 사사를 만들 필요가 있을까?

전문회사가 내놓은 답은 '정답'도 '해답'도 '차선의 답'도 아니었다.

이런 생각을 해 본 적도 있다.

'독자들이 사사를 보지 않는 이유는 구하기가 어렵기 때문이다. 차라리 서양 기업들처럼 서점에 유통시키면 더 많은 외부인들이 사사를 보지 않을까?'

현실적으로 외부 유통은 우리나라 여건상 쉽지 않다. 〈00신문 20년사〉나 〈000 50년사〉 등 서점에 등장한 사례가 있지만 독자에게 외면당했다. '우리 회사 사사는 서점에 유통되고 있다'라는 말은 담당자만의 위안일 뿐이다. 어차피 보지 않는 것은 매한가지 아닌가?

지금 기업의 사사 담당자들 고민도 크게 다르지는 않은 것 같다. 최근에 기업사를 만들겠다고 찾아온 담당자들을 만나보면 하나 같이 하는 말이 '읽힐 수 있도록', 혹은 '볼 수 있도록' 해달라는 요청이다. 실제 사사 제작 가이드라인을 보면 알 수 있다.

A기업 사사제작 가이드라인

- 내외부 독자들이 읽을 수 있도록 사진 및 화보를 수록하고(중략)

- 전현직 임직원들의 인터뷰를 통해 생생한 이야기를 쉽게 풀어쓰고(중략)

- 미적 가치가 높은 디자인으로 소장하고 싶은 책을(중략)

B기업 사사제작 가이드라인

- 기존 사사와는 달리 가독성과 활용성이 높도록 원고를 작성(중략)

- 독자들이 쉽게 볼 수 있도록 '디지털 사사' 제작방향을 제안(중략)

- 사진 수록을 용이하게 하기 위한 판형을 제시, 접근성을 높여야(중략)

사사의 본질에
해답이 있다

     기업을 떠나 사사 집필을 처음 시작했을 무렵이었다. 사사를 제대로 알아야겠다고 생각하고 국회도서관에서 두어 달 국내 대표기업들의 사사를 조사했다. 1990년대에 발간된 사사를 살펴보다가 충격을 받았다. 몇몇 기업들의 편찬후기를 살펴보면 그 이유를 충분히 짐작할 수 있을 것이다.

    우리는 어느 한쪽에 치우침 없는 객관적 서술자가 되기를 갈망했으며, 많은 사람들에게 읽히는 사사를 만들고자 노력했습니다.

                                         – A우유 60년사

사사 편찬의 기본방향을 읽기 쉬운 사사를 만드는 것으로 결정했다. 이에 따라 가급적 쉬운 말로 풀어 쓰고 선배 임직원들과의 인터뷰를 통해 에피소드를 많이 삽입하며, 단순한 사실 나열에서 벗어나 사건들을 유기적으로 재구성하는 것으로 편찬방향을 결정했다.

― B제당 40년사

이미 그 시절에도 기업의 고민은 한결 같았다. '읽히는 사사', '보는 사사', 심지어 '느끼는 사사(?)'까지. 그것을 이룩하기 위한 해결 방안조차도 지금과 비슷했다. 30년이 지난 지금도 같은 문제에 매달려 있다니, 대체 무슨 일이란 말인가? 쉽게 쓰고, 판형 및 페이지를 줄이고 사진을 많이 수록하면 독자들이 쉽게 볼 수 있다는 1차원적인 생각은 그때나 지금이나 여전했다. 그렇게 해서 독자들은 사사를 가까이 하게 된 것일까?

그때부터 고민의 방법을 바꿔보기로 했다. 정말 사사를 읽는 사람들은 없는지 확인해보았다.

우선 도서관을 방문해서 국내 대표적인 기업들의 사사를 읽기 시작했다. 그룹사의 사사 구성, 금융기관의 구성과 집필 스타일, 공사와 공공기관 등의 특성 등을 분류했다. 그러다가 새로운 사실을 하나 발견했다.

S그룹 60년사를 대출하거나 장서 요청을 한 경우는 1년에 400건이 넘었다. 하루에 1건 정도나 되는 수치였다. 1996년에 간행된 사사를 2010년대에도 거의 매일 찾는 사람이 있다면, 어떻게 이해해야 할까? 필자들이 집필한 사사들을 대출해간 경우도 확인했다. P그룹 40년사, A그룹 60년사 등등. 놀랍게도 이들 사사 모두 대출 건수는 1년에 50회를 상회했다. 물론 어떤 사사의 대출 건수는 무안할만큼 적었다. 그때

부터 어떤 사사들이 많이 대출되었는지 취재했다. 놀랍게도 사료가 충실히 수록된 장서형 사사들이었다.

'이 사사들을 빌려가거나 찾아본 이들은 누구이고, 어떻게 활용되고 있는가?'

그 해답은 쉽게 찾을 수 있었다. 학회에서 간행된 논문을 보면, 인용 문구나 자료출처가 사사인 경우가 눈에 띈다. 사사는 경영사 연구자에 있어서는 필수불가결한 자료다. 경영학을 전공하는 대학생은 리포트 작성을 하거나 취업을 앞두고 사사를 펼친다. 기자들이 새로 출입하는 기업을 방문하면 많이 요청하는 자료 가운데 하나가 사사다.

이제 기업 담당자들에게 이 말은 꼭 권하고 싶다. 사사를 만드는 목적이 '읽히게 하기 위한 것인지', 아니면 '회사 사료를 충실히 담을 것인지'에 대한 판단과 결정이다.

지금까지의 경험을 돌이켜 보면 사사를 만드는 가장 큰 목적 중에는 '사사는 사료다'라는 본질이 자리하고 있다. 회사의 역사를 편찬, 기록해 놓는 것이기에 기록성이 우선이다. 가독성이나 재미는 차선으로 고려되어야 한다.

우리 회사의 사사라고 해도 임직원이 통독하기에는 버겁다. 그래서 요약본을 만들기도 한다. 하물며 '낮잠자는 베게'라고 불리는 타사의 사사를 누가 읽겠는가. 대충 살펴보고 책장으로 직행시킨다. 때문에 기획 단계에서 '읽지 않는 사사를 반드시 만들어야 하는가'라는 회의론이 불거진다.

독자가 없다는 판단은 섣부르다. '사사는 읽히지 않는다'라는 말은 '우리 회사 역사에는 흥미가 있지만 타사 역사에는 흥미가 없다'라는 말과 같다. 어떤 의미에서 당연하다. 자신들이 손수 성장시켰던 회사의 역사야말로 흥미 있고, 이를 담은 사사를 각별히 여긴다. 그렇게 되면 사사만큼 중요한 책은 없다. 사사를 가장 열심히 읽는 독자가 기업의 퇴직자라는 사실이 이를 반증한다. 분명 사사의 가독성은 떨어진다. 그게 사사 발간의 장애물은 아니다. 가독성은 충실한 사료와 다양한 구성 방식으로 높여야 할 과제이다.

직원들이 사사를
안 본다

H그룹 50년사 제작 당시 함께 일했던 담당자로부터 연락을 받은 적이 있다. 사사가 발간된 지 1년 정도가 지난 뒤였다. 필자는 H그룹 50년사 기획작가로 그와 인연을 이어가는 중이었다.

"50년사 자료편만 따로 인쇄하면 비용이 얼마나 듭니까?"

"왜 자료만 인쇄합니까?"

"많은 직원들이 양장본으로 제작된 책을 잘라내서 사용하고 있더군요. 그럴 바에야 아예 그 부분만 소책자로 인쇄해서 돌리는 게 낫겠다 싶어서요."

"그걸 왜 잘라내서 본다고 합니까?"

"업무에 필요한 자료들이 다 있는데 양장 책은 너무 무거워서 들고 다니기가 어렵다고 합니다."

그 이야기를 들은 뒤 H그룹 임직원들 몇 명을 만났다. 사사가 어떻게 활용되는지 알고 싶어서였다. 직원들은 이런 대답을 했다.

"업무에 필요한 부분은 다 찾아서 읽었어요. 오류도 있었지만 정리가 잘 된 것 같아 요약해서 신입사원 강의용으로 사용하고 있습니다."

"제가 한 일에 대해서는 놓치지 않고 보았습니다. 개인적으로 갖고 있는 자료들이 있었는데 그런 내용들은 들어 있지 않더군요."

그때 분명히 느꼈다. 외부독자들만 있는 것이 아니라 분명 내부직원들도 중요한 독자라는 사실을. C그룹 40년사를 제작한 뒤에도 유사한 반응을 들었다. 그때 기획특집으로 다루었던 '결단 40선'이라는 테마 페이지가 직원들에게 큰 화제가 되었다는 전언이었다. 업무에 활용되는 사사는 막연한 꿈이 아니다. 직원들이 이해하기 쉽도록 스토리를 만들고, 필요로 하는 자료들을 책에 수록한다면 충분히 가능한 일이다.

그러기 위해서는 정확하고 더 많은 사료가 수록되어야 한다.

읽히는 사사를 위해 의미 없고, 내용 없는 사진만 나열할 것인가? 아니면 더 정확한 사료를 상세히 기술하기 위해 노력할 것인가? 가장 본질적인 질문이다.

Tip! 사사를 만드는 발간목적 5선

¤ 경영자료와 정보의 정리 및 승계
¤ 회사의 족적을 배우고 향후 경영에 활용
¤ 회사의 아이덴티티 정립
¤ 사원과 그 가족의 애사심 고양
¤ 기업의 이미지 향상

사람에서 시작해서 사람으로 끝난다

조직과 사람에서
시작한다

"편찬조직은 어떻게 구성해야 됩니까? 편찬위원회와 사무국은 각각 어떤 역할을 담당합니까?"

처음 사사를 담당하면 시작되는 고민이다. 그에 대한 역할을 정리하고 나면 당연히 다음과 같은 질문이 이어진다.

"편찬위원장은 어느 급으로 해야 하고, 사무국에는 어느 정도의 경력자가 있어야 합니까?"

모든 일은 사람을 조직하는 것으로부터 시작된다. 사사 편찬 또한 마찬가지. 사사 편찬 조직의 맨 위에는 최고경영자나 사장이 앉는다. 그 밑에 편찬위원회와 편찬사무국이 수직으로 구성된다.

편찬위원회는 주요 임원들로 채워진다. 최고경영자로부터 권한을 위임 받아 사사 편찬과 관련한 주요한 의사결정을 내린다. 따라서 편찬위원회는 자주 개최할 필요가 없다. 제작기간 동안 많아야 3~4차례면 충분하다. 최초 회의에서는 기본 계획에 대한 심사를 통해 사사 편찬의 전반적인 방향을 결정한다. 가목차가 완료되면 두 번째 편찬회의를 열고 구체적인 집필 방향을 결정한다. 마지막으로 초고가 완성되면 원고와 디자인 시안을 대상으로 편찬회의에서 논의한다. 비록 몇 번 되지 않지만 가장 중요한 의사결정이 이뤄지게 된다.

편찬사무국 인원을 선정할 때에는 심사숙고해야 한다. 사사 편찬 업무를 맡은 해당 팀의 팀장과 편찬 실무 담당자 등 2명 내지는 3명으로 구성된다. 팀장은 당연히 근속기간이 길어야 하며 회사 내의 관계가 원만해야 한다. 퇴직 인사들과의 유대관계가 있어야 인터뷰이 섭외, 회사 역사 전반에 대한 가이드 등을 할 수 있다. 대부분 홍보팀장, 총무팀장, 지원팀장, 기업문화팀장 등이 담당한다. 실무 담당자의 최소 근속 기간은 5년 이상이 좋다.

인력이 부족해 신입사원이 실무 담당을 맡기도 한다. 심하게는 아예 외부 임시직에게 편찬 업무를 맡기기도 한다. 그러나 기획 마인드가 있는 작가나 전문회사 기획자가 지원해도 일이 꼬이거나 사고가 발생해 책 발간이 지연되는 경우가 많으니 주의해야 한다.

오랜 역사를 자랑하는 일부 기업은 퇴직임원을 초빙해서 실무담당을 맡기기도 한다. 일정이나 회사 역사 가이드는 원활하지만 또 다른 문제가 생긴다. 선대 회장의 시각을 지나치게 강조한다든가, 우리 회사는 누구보다 본인이 가장 잘 알고 있다는 고집을 부린다.

실제로 C 제약회사는 실무팀을 퇴직 사장 2인으로 구성한 적이 있다. 당시 어려움은 말하기가 힘들 정도였다고 한다. 현직 홍보팀장의 의견은 무시되기 일쑤였고, '사장의 지시 사항도 들을 필요가 없고 오직 자기 말만 들으면 된다'는 인식을 보였다. 편찬위원회에 구성된 임원들도 예전에 모시던 상사가 우기기 시작하면 곤혹스러워 하며 눈감기도 했다. C 제약회사 사사는 끝내 발간이 되지 못했다.

사사는 결코 한두 사람의 의견만으로 만들어갈 수 없다. 협의하고 보고하고 승인받는 등 부단한 교류가 이어질 때 가능한 작업이다. 따라서 의사소통이 이루어질 수 있는 직원들로 사무국을 구성한다.

한편, 그룹이나 조직이 방대하면 별도의 협력위원을 둔다. 각 팀이나 공장, 사업장 별로 협력위원을 두면 자료 수집 및 정보 제공, 취재 협력 등 조력을 받기가 유리하다. 협력위원은 직급보다는 회사 사정에 두루 해박한 장기근속자가 적합하다.

각 기업들의
편찬위원회 구성 사례

구분	편찬위원회 구성	TFT
A그룹	구성 : 각 계열사 홍보담당 이사 (홍보 담당이 없는 경우, 총무 담당 이사) 실무간사 : 하우스에이전시 실무자	실무위원 : 그룹 사보기자(약30인)
B 에너지 기업	구성 : 계열사 사장 및 모기업 임원 실무간사 : 총무부장	TFT 팀장 : 총무부장 실무간사 : 50주년 준비위 차장 실무위원 : 홍보팀 계장
C 화장품 기업	편찬위원장 : 60주년 행사 준비위 상무 구성 : 각 부서 부장단(14인)	TFT 팀장 : 기업문화실장 담당부장 : 기업문화팀 부장 실무담당 : 기업문화팀 과장
D그룹	편찬위원장 : 그룹 홍보담당 상무 구성 : 각 계열사 사장 실무간사 : 그룹 홍보부장	실무 담당 : 그룹 홍보팀 대리 실무 담당 : 계열사에서 1인 선정

일반적인 경우
• 사사편찬위원회 위원장 : 홍보담당 임원, 또는 부사장

- 편찬위원 : 홍보담당 임원 및 각 부서 임원(또는 부장급)

- 실무간사 : 홍보 담당부장

- 실무위원 : 각 계열사 자료 수집 책임자(대리급 이상)

사사편찬위원회의 역할

- 전체 제작방향의 결정

- 외형의 확정

- 가목차 감수

- 집필작가와의 인터뷰

- 디자인 시안 확정

- 원고 감수(1, 2차)

- 최종 검수

사사 편찬의 핵심
'편찬사무국'

실질적인 일은 편찬사무국에서 담당한다. 기획서 작성, 자료수집, 취재 및 인터뷰 의뢰, 원고 교정 등이 편찬사무국 역할이다. 그 중심에는 편찬 담당자가 있다. 편찬사무국은 사사 편찬의 바탕이 되는 기획서를 만든다. 5W+1H를 회사의 사정에 맞게 재구성한다. 이를 편찬위원회에 제안하거나 결재를 받고 작업을 진행한다.

협업중인 전문회사로부터 자료수집 대상이나 방법에 대한 조언을 받을 수 있다. 자료수집은 오롯이 편찬사무국 몫이다. 무엇이 어디에 있고, 누가 무엇을 가지고 있는지 외부 사람은 알 수 없다. 게다가 수집

대상에는 대외비 서류 등도 있다.

취재 및 인터뷰는 작가가 한다. 편찬사무국은 취재 및 인터뷰 의뢰를 맡는다. 전문회사와 외주 작가로부터 취재의뢰가 들어오면 받는 편에 서는 불편해 한다. 편찬 담당자는 취재 현장에 참석해 진행을 돕는다. 대부분 임직원이나 퇴직 임원을 대상해야 하므로 안면이 있는 담당자가 동석을 해야 진행이 매끄럽다.

작가가 초고를 마치면 편찬사무국은 원고를 숙독한 후, 수정해야 할 부분에 대해 전문회사, 작가와 의견 조정을 거친다. 교정에도 참여한다. 사명, 이름 등 고유명사를 잘 챙긴다. 고유명사 오자는 치명적이다.

Tip! 최고의 진행자는 최고경영자

¤ 조직과 인력 구성이 잘 준비되었다 해도 전사적인 협력이 이뤄지지 않으면 사사 편찬에 애를 먹는다. 최고경영자가 힘을 실어주는 모습을 보여줘야 한다. 최고경영자가 참석하는 사사 편찬 선포식을 하고 이 영상을 인트라넷에 올린다. 최고경영자 직인이 찍힌 사사 편찬 협조 공문도 전사에 발송한다. 공문에 협력위원 명단을 넣어 이들의 조력을 공식업무로 공인하는 것이 좋다.

'관심'만 있으면 누구나 가능

대부분 담당자
겸임

과거에는 기업마다 사료정리 담당자가 별도로 있었다. 자료실을 상시적으로 운영하며 사료를 취합 및 보관했다. 1990년대 말 IMF외환위기 이후 조직이 통폐합되면서 사료정리 담당자는 사라졌다. 그 후 사사 제작 시기가 다가오면 사사 담당자를 임시방편으로 선정하는 방법을 취했다. 홍보나 기획, 총무 부서에서 인력을 차출해서 2, 3년 한시적으로 사사 편찬 업무를 맡긴다.

전담도 있지만 대다수 기업에서는 기존 업무와 더불어 겸임으로 맡긴다. 사사 편찬 업무가 겸임해도 될 정도로 만만하지가 않다. 겸임으로 가능한 환경이 조성되어야 한다. 환경조성의 핵심은 조직이다.

편찬사무국을 홍보팀에서 맡는다고 가정하면, 팀장은 윗선과의 커뮤니케이션을 책임진다. 대리나 과장급 담당자 밑에 입사 1, 2년차 사원을 겸직으로 배치시켜 복사, 컴퓨터 입력 등 단순 사무 업무를 돕게 한다. 의욕이 앞서 홍보팀 인원을 지나치게 많이 배치시키면 사공이 많은 배가 된다. 팀장은 사사 편찬 업무가 과중해지는 시점에 다른 팀원을 한시적으로 투입시킨다.

앞서 언급했듯이 사사 편찬 경험이 있는 퇴직자를 책임자로 위촉하기도 한다. 사사 편찬실장이나 고문으로 위촉해서 사사 편찬 전반을 관장하게 한다. 한, 두 차례 사사 편찬을 해본 경험과 더불어 사내의 넓은 인맥을 활용하여 다양한 협조를 끌어낸다. 최고경영자와 로열패밀리와도 커뮤니케이션이 매끄럽게 이루어진다. 물론 앞서 설명한 것과 같은 문제가 생기기도 한다.

무엇보다 담당자가 겸직이 가능하려면, 전문회사를 적절하게 활용해야 한다. 전문회사는 집필, 제작 등 편찬과 관련한 업무 90% 이상을 소화해낸다. 대부분 사사 담당자가 겸직이어도 가능한 이유도 그 때문이다.

사명감과
열정 '필요'

사사 담당자에게 특별한 자질은 필요하지 않다. 원만하게 직장생활을 하는 사람이라면 누구나 사사를 담당할 수 있다. 다만, 아래 언급한 자질을 갖고 있으면 사사 편찬 과정에서 수고롭거나 번거로운 일을 덜 수 있다.

기업 조직과 연혁, 업계 현황을 잘 안다

최소한 대리나 과장급 연차는 되어야 기업이나 업계 사정에 눈을 뜬다. 기업 안팎 사정에 해박해야 취재나 인터뷰 진행이 매끄럽다. 사외(업계)에 대해서도 실례가 안 되게 자료나 취재를 의뢰하면서도 원하는 협조를 끌어낸다. 사외 조정업무를 경험했다면 적임이다.

사내외 관계자의 원활한 협조

사사 편찬에는 많은 이들의 지혜, 정보, 사고방식이 섞인다. 사사 편찬에 크고 작게 관여하는 사내 직원, 사외 협력자 등으로부터 어떻게 협조를 이끌어내는가가 사사에 커다란 영향을 준다. 담당자의 조정능력에 따라 사사의 성과와 상태 등이 달라진다.

할 말은 하는 소신

조정 능력과 동시에 할 말은 하는 소신이 필요하다. 사사 담당자는 책임질 일은 책임을 지되 상사의 잘못된 판단에 대해 직언해야 한다. 2년여 편찬 기간 동안 다양한 변수가 발생한다. 책임을 회피하거나 수동적으로 대처하면 나중에 비용이 증가하거나 결과물이 부실해진다. 편찬 자체가 무산되는 심각한 사태가 종종 생긴다.

편집자로서의 사명감

오랜 편찬기간 중에는 다양한 일이 생긴다. 생각보다 쉽지 않은 일을 겪는다. 이때 담당자가 얼마나 열정을 갖고 난관을 헤쳐 나가느냐에 따라 사사의 모양새가 달라진다.

사사를 성공적으로 발간한 대부분 사사 담당자는 '책을 만드는 게 재미있다'라는 생각을 갖고 있었다.

글을 보는 안목

사사 담당자에게 글을 보는 안목은 큰 덕목이다. 원고 감수와 더불어 교정 및 교열 업무를 보는데 수월하다. 작가와의 소통에도 도움이 된다.

기타 사항

담당자 성별은 각 기업의 현실 여건을 고려한다. 공장을 취재하러 가면 길게는 1주일 이상이 걸리기도 한다. 아무래도 여성은 본인 스스로 불편함을 느낀다. 특히 육아를 하는 여성 직원은 장기 출장이 불가능하다. 원고를 수정할 때에는 한 달 정도 합숙하는 경우도 있다. C그룹 60년사는 원고 정리와 편집하는 데에만 약 두 달 정도가 걸렸다. 그 시간 동안 작가와 편집자, 사사 담당자는 숙소를 하나 잡아두고 거의 합숙하다시피 했다.

여성이 적합한 경우도 있다. 그동안 경험으로 보면 인터뷰나 사료 정리는 여성의 역량이 뛰어나다.

물론 이상의 조건이 '필수'는 아니다. 다 갖춘 담당자를 찾기도 어렵다. 여러 명이 팀을 짜서 역할을 배분하는 경우도 있다. 담당자가 사사를 작업하면서 5가지 자질을 키운다면 다른 업무에도 큰 도움이 된다.

크레바스에 빠지지 않도록 조심

가능성은 열어두되
세심한 검토 필요

그동안 조사한 전문회사 리스트를 정리해서 보고하면 윗분들이 반드시 묻는 말이 있다.

"외부 사람들이 우리 회사에 대해 뭐 아는 게 있나?"

"이거, 괜한 데 돈 쓰는 거 아니야? 그냥 우리가 하는 게 낫지 않아?"

얼핏 듣기에는 수긍이 간다. 그러나 내부 제작이 실무 담당자나 해당 부서에 얼마나 큰 짐이 되는지 모르고 하는 소리다. 알고 보면 내부 제작 비용이 훨씬 더 많이 든다. 사사를 만드는 기간은 대개 1년 이상이다. 만약 내부에서 만들면 집필에만 5명 정도가 4~5개월 정도 매달려야 한다. 그 인건비만 1억 원을 상회한다. 사진 촬영이나 디자인, 인쇄는 외주로 빼야 하니 관리 비용은 그만큼 더 든다. 시간도 훨씬 더 많이 소요된다.

최근 들어 글쓰기가 보편화되었다 하지만 적게는 원고지 1,000매 내외, 많게는 원고지 5,000매 되는 글을 쉽게 쓰는 일반인은 드물다. 원고지 1,000매면 장편소설 1편을 능가하며, 5,000매는 대하 장편소설

분량이다. 몇 명이 달라붙든 그 양을 쉽게 쓸 수는 없다. 여럿이 쓰면 자료 중복, 표기법 통일, 스토리 전개방법 등 허다한 문제점이 생긴다.

집필은 둘째치고 기획, 자료조사, 취재 및 인터뷰, 관리 등 전문회사가 맡아서 하던 일을 처리하려면 전담 직원이 반드시 필요하다. 편찬 사무국에 한 발만 담그고 있던 홍보팀원들도 뛰어다녀야 한다. 집필을 맡은 각 부서 실무자들은 겸직으로 인해 본 업무에 소홀할 수 있다.

물론 전문회사가 절대 할 수 없는 일이 있다. 사내 자료수집은 직원이라야 가능하다. 사내 제작의 최대 장점은 납득이 될 때까지 정성껏 편찬하는 것이리라. 원고에 내부 정서를 잘 반영할 수도 있다. 창립기념일에 맞춰 사사를 발행하는 식으로 일정이 못 박혀 있으면, 막바지에 시간에 쫓겨 허술한 사사가 배포될 수 있다.

외부에 의뢰하면 스케줄이나 품질 등의 면에서 일정수준을 기대할 수 있다. 누가 봐도 흠잡을 데 없는 일정 정도 이상의 품질이 보장된다. 내부 작성은 집밥, 외부작성은 레스토랑의 맛이다. 제각각 장·단점은 분명히 있다.

내부사정으로 인해 자체 제작에 나섰다 하더라도 첫 사사라면 말리고 싶다. 가이드(전문회사) 없이 히말라야 등정에 나서는 격이다. 도처에 도사리고 있는 크레바스에 빠지기 쉽다.

사내외 제작
장단점

사내에서 제작하면 외부로 나가는 경비는 줄어든다. 원고료 등이 절감된다. 디자인비와 인쇄비, 사진촬영은 직접 제작하면 비용이 더 들어간다. 이들은 전문회사에 비해 높은 비용이 소요된다. 여기에 사내인건비를 금액으로 환산하면, 외주 비용보다 더 비싸진다.

편찬 도중에 기획이 변경되면 비용의 증감을 가늠하기 어렵다. 일정에 맞춰 편찬을 마무리하기도 쉽지 않다.

원고는 내부사정을 충분히 배려해 가면서 전문분야에 치중한 기술이 가능하다. 객관성이 결여되는 경향이 있다. 독자가 내부 임직원으로 한정된 내용이 되기 쉽다. 완성된 책의 상태도 들쭉날쭉하다.

전문회사에 맡기면 일정을 크게 벗어나는 일은 드물다. 물론 발주처 사정으로 일정이 변경되기도 한다. 원고 면에서 객관적이고, 사내 임직원은 물론 외부독자까지 시야에 둔 기술이 가능하다. 디자인이나 책 장정이 보기 좋아 외부에 자랑스럽게 증정할 수 있다.

전문회사 선정에 성패가 달렸다

전문회사의 실적,
양날의 검

"욕심은 나지만 우리는 하지 않겠습니다."

사사를 한, 두 권 경험한 편집대행사들은 일을 의뢰해도 정중하게 거절한다. 사사가 얼마나 힘든 작업인지 알기 때문이다. 문제는 낙하산. 제작 경험이 없으면서 낙하산을 타고 내려온 대행사들은 앞뒤를 가리지 않는다. 사사 한 권 제작비가 줄잡아 수억 원이라는 점을 알고 나면 욕심을 낸다.

반드시 탈이 난다. 사사는 사보나 브로슈어와는 성격 자체가 다르다. 원고, 디자인, 인쇄 등 대부분 제작과정이 비슷해 보이지만 사사는 그와는 전혀 다른 전문영역이다. 사사는 기업의 자료를 정리, 역사를 수록하는 일이다. 기획과 집필이 여타 홍보물과는 달라서 전문작가와 기획자가 필요하다. 또한 기획, 취재 및 인터뷰, 집필이 오랜 시간 동안 이루어진다. 전문업체가 아니고서는 이 과정을 소화하기 힘들다. 문제가 생겼다고 해서 낙하산을 내려 보낸 상사에게 책임을 돌릴 수도 없다. 오롯이 담당자의 몫이다.

전문회사 선정은 그런 이유로 가장 중요하다. 현실적으로 회사 내부에는 사사에 대해 아는 사람은 거의 없다고 보는 것이 옳다. 외부 전문가의 역량, 정성, 노하우가 무엇보다 절실하다.

담당자는 전문회사를 선정하면서 눈에 보이는 객관적인 기준에 기댄다. 대표적인 것이 실적이다. 실적만 놓고 본다면 백전백패다. 모 회사의 경우를 소개한다. 어느 금융기관에서 전문회사를 선정할 때 일이다.

금융기관은 그 특성상 전문 노하우를 중시 여긴다. 금융기관 실적이 가장 많은 A전문회사를 대행사로 선정했다. A사 기획자는 기대와 달리 금융기관의 특성을 이해하지 못해 실수를 자주 저질렀다. 나중에 확인해보니 A회사에 있던 전문인력들이 나가 B전문회사를 차린 것이다.

A회사의 이력만 믿었고 손을 잡은 게 실수였다. '속았다'는 생각이 들었으나 계약까지 마친 상황이라 '울며 겨자먹기'로 프로젝트를 진행했다고 한다. 얼마 지나지 않아 큰 문제가 터졌다. 보고 일주일 전에 가목차를 갖고 왔는데 금융사를 전혀 모르는 팀이 구성한 것처럼 엉성했다. 새로 수정해 달라고 요청해서 며칠 후 새 버전을 받았으나 그 내용도 부실했다. B회사의 도움을 받아 무사히 보고를 마쳤으나 그런 실수는 잇따라 이어졌다. 참다못해 A사와의 계약을 해지하고 B사와 계약하려고 했으나 그것도 무산되고 말았다. B사는 신생회사라 별다른 금융기관 실적이 없었다. 결국 그 사사는 실패로 끝나고 말았다.

실적은 분명 중요하다. 그만큼의 노하우를 보유하고 있다는 의미다. 그러나 사장을 제외하고 수시로 인력이 바뀐다면 오히려 '실적'은 그릇된 평가수단이 되고 만다.

정성을 다하는
전문회사

"현재 우리 회사는 10여 권의 사사를 진행하고 있습니다."

언젠가 어느 전문회사 영업사원이 필자에게 자랑삼아 말한 적이 있다.

"많은 기업들이 우리를 찾는 이유는 축적된 노하우와 우수한 시스템이 있기 때문입니다."

"직원은 몇 명이나 됩니까?"

"15명입니다."

그 답변을 듣고 나자 미심쩍은 점이 생겼다.

"모두 기획하는 분들인가요?"

"3명은 기획, 5명은 디자인, 5명은 작가, 나머지는 저를 비롯한 관리직입니다."

"작가들은 모두 내부직원인가요?"

그렇게 묻자 약간 망설이더니 이렇게 답변했다.

"다른 회사도 작가가 정규직인 경우는 없습니다. 계약직입니다."

그 말을 듣고 나자 당혹감마저 들었다. 고작 8명이 동시에 10권의 사사를 만든다는 말인가? 무엇보다 실망스러웠던 것은 기획자의 숫자였다. 3명이 10권의 사사를 기획 및 진행한다면 1명이 무려 세 기업의 사사를 만든다는 말인가?

"3명이 그 일을 다 한다는 말입니까?"

그때 돌아온 대답이 걸작이었다.

"노하우가 있으면 가능합니다."

노하우가 사사를 성공적으로 만들 수 있는 만능열쇠일까? 중요한 요인임에 분명하지만 모든 문제를 해결할 열쇠는 되지 못한다. 사사는 일주일에 하루 정도 투자한다고 해서 잘 만들 수 있는 것이 아니다. 하물며 우리 회사에 대해 잘 모르는 외부인들이라면 더 많은 시간과 노력을 투자해도 될까 말까다. 심지어 계약과 동시에 기획자는 빠지고 모든 일을 프리랜스인 작가에게 맡기는 전문회사도 적지 않다. 그래서인지 '전문회사들이 만든 사사는 다 비슷해 보인다'는 말이 떠돈다.

전문회사를 선정할 때에는 반드시 사장이나 실무자들을 만나보기를 권한다. 그들이 제작한 권수나 실적보다는 우리 사사 제작에 임하는 자세나 진정성을 잘 헤아려보길 바란다. 최근에 전문회사와 거래한 기업 담당자들에게 연락을 취해 평판을 듣는 방법도 좋다. 겉포장에 현혹되지 않고 객관적인 시각을 가질 수 있다.

외형과 실적에도 허수가 많다. 한 번은 어느 사사 전문회사가 두툼한 책을 한 권 보내준 적이 있다. 300면이나 되는 책에는 그동안 자신들이 만든 사사의 특성, 기획의도, 디자인 등의 실적이 빼곡하게 자랑처럼 담겨 있었다. 대충 훑어 보다가 잘 아는 회사 이름이 있어서 담당자에게 연락을 취해 보았다.

"A사 소개책자에 김 부장네 회사 사사 이야기가 있던데?"

필자의 말을 들은 담당자는 화를 냈다.

"그 전문회사는 일을 엉망으로 한 건 둘째고 성의도 보이지 않아서 우리가 다시 하느라 얼마나 고생했는데. 업체 선정 잘못 했다고 보고할 수가 없어 우리가 다한 일을 자기들 실적으로 적어 놓다니."

거듭 강조하지만 외형이라는 겉포장보다는 정성을 다해 만들어줄 환경과 조건이 되는지 따져보아야 한다. 한 전문회사의 기획자는 프리젠테이션 마지막 멘트를 이렇게 끝맺는다고 한다.

"귀사의 사사를 우리 회사 대표 포트폴리오가 되도록 작업할 계획입니다."

담당자는 그 말에 감동을 받고 계약을 했지만 그것은 허언이었다. 제대로 모습도 비치지 않고 작가에게만 의존하는 모습에 화가 난 담당자는 홍보인 모임에서 그 회사의 실체를 알게 되었다고 한다. 모든 사사 프리젠테이션 때마다 그 말로 현혹시켰다는 것을.

실적보다는 철학과 진정성

현혹되면 안 되는
수상 실적

사사 전문회사 대표를 만나면 늘 울상이다. 경쟁이 치열해지다 보니 '제 살 깎아먹기 식'이라는 것. 사사 경험이라고는 '디자인'이나 '인쇄' 뿐인 회사들이 전문가의 탈을 쓰고 나타나기도 한다. 이런 곳을 잘 걸러내려고 공공기관들은 도식화된 평가표를 만들지만 거기에도 함정은 있다. 대표적인 것이 바로 외부 수상실적이다.

국내외에는 사사를 대상으로 해서 시상을 하는 곳들이 있다. 필자도 시상식에 여러 차례 참석했고, 심사위원들과 토론한 적도 있다. 늘 '사사를 심사하는 기준'이 궁금했다. 분명히 상을 주는데 심사기준을 알 수 없으니 그 상의 가치를 파악하기가 어려웠다.

한 번은 심사를 마치고 온 지인에게 심사가 어떤 식으로 진행되는지 물어본 적이 있다. 황당한 답변이 돌아왔다.

"넓은 공간에 테이블이 있고 그 위에 사사들이 놓여 있더군. 지나가면서 한 번씩 훑어보고 의견을 냈지. 1시간 정도 걸렸나?"

그들이 살펴본 사사는 50여 권 정도였다고 한다. 대략 한 권의 사사를 심사하는데 걸린 시간은 1분~2분 정도에 불과하다. 원고를 읽어보았을 리 만무하며, 300~400면 정도의 사사를 다 넘겨보지도 못했을 것이다. 심사위원의 면면을 살펴보면 더 당황스럽다. 광고나 홍보 분야의 겸임교수, 각종 협회의 관계자들이다. 경영사나 역사 전문가들은 심사위원 명단에 없다. 사사를 그렇게 심사하는 것이 정당한 평가인지 필자는 궁금증을 갖고 있다.

더더욱 이상했던 것은 해외에서 상을 받았다는 기록이었다.

"김 부장네 회사 사사가 해외에서 상을 받았던데, 영문판도 만든 거야?"

그는 황당한 답변을 들려주었다.

"영문판이 없지. 영문서류도 낸 적이 없어. 제작사가 우리 업종을 영문으로 한 줄 써서 첨부한 게 다라고 하던데?"

"그런데 어떻게 상을 받은 거야? 심사기준이 뭔데? 몇 편이나 출품되었는데? 상을 주관하는 단체는 어딘데?"

"대신 광고비를 협찬해 달라고 하더군"

상을 받은 회사도 그 상의 정체나 심사경위에 대해서는 알지 못했다. 그런데도 버젓이 우리나라 기업들이 제작한 사사가 매해 10권 정도나 해외에서 상을 받는다. 한글도 모르는 외국인은 어떻게 평가했을까?

디자인이 좋아서 상을 주는 건가 싶어 국회도서관에서 수상작들을 일일이 찾아 열람해 보았으나 분명 그것도 아니었다. 디자인이 주관적 대상이란 점을 고려해도 고개가 갸웃거려졌다.

'우리 회사의 사사를 외부 사람들이 평가해서 점수를 매기는데, 그 기준은 무엇인지, 우리 회사에 대해 알고는 있는 건지?'

대개 사사는 기업문화의 정수라는 말을 한다. 사사는 외부에서 쉽게 평가할 대상이 아니다. 어떤 사사는 직원들의 소명의식을 고취시키기 위해, 또 어떤 사사는 그야말로 기록을 남기기 위해, 또 어떤 사사는 고객들을 대상으로 홍보하기 위해 제작된다. 발간목적이나 의도 등을 모르고서는 올바른 평가가 어렵다.

전문회사들이 내세우는 이력 중에 믿어서는 안 되는 것들이 또 있다. '00 공인기관', '부설 사사연구소', '국가기록원과의 협력', '해외 사사 연구소와의 협정 체결', '품질 보증 인증' 등이다. 아직 우리나라 사사 제작 전문회사들의 매출액은 채 30억 원이 되지 않는다. 부설 연구소를 세운다거나 국가기록원, 기타 외국기관과의 업무협정 체결 등을 추진할 역량이 부족하다. 게다가 공인기관이나 부설 연구소 설립, 국가기록원과의 협력 등은 우리 회사 역사를 정리하고 제작하는 데 아무 도움도 되지 않는다.

수십 종류의 사사 제작 사례를 찾아 취재했으나 이러한 협력 사례가 업무에 도움이 되는지 의아심이 갔다. 특히 국가기록원은 굳이 협력 대행이 없어도 언제든 방문하면 자료를 제공해준다. 여타 기관도 마찬가지다. 국민 세금으로 운영되는 기관이 특정 기업에게만 자료제공을 할 리가 없지 않은가.

가장 중요한 조건,
사사를 대하는 철학

가장 좋은 방법 가운데 하나가 직접 담당자와 두, 세 차례 대면하는 것이다. 장시간 회사 담당자를 만나면 어떤 자세로 일하고 있는지 그나마 판별이 용이하다. 어떤 회사는 아예 대놓고 가격 경쟁을 유도한다.

"사사가 비쌀 이유가 없습니다. 우리는 노하우가 있어 1억 원 이하라도 충분합니다."

견적에 대해서는 뒤에서 설명하겠으나 가격 경쟁을 유도하는 회사는 일단 의심해야 한다. 전문 집필작가, 전문 사진작가, 전문 진행자 등이 거의 1년 내내 붙어 있어야 하는 프로젝트가 사사다. 양장인쇄본으로 제작하면 제작비만 수천만 원을 넘어선다. 디자이너만 3명 이상 투입되는 경우가 허다하다. 그들의 인건비만 고려하더라도 충분히 답이 나온다.

언젠가 한 집필작가가 한 말이 떠오른다.

"50년 기업사를 집필하는데 고료로 3,000만 원 준다는 회사를 보면 웃음이 나요. 그러면서도 자기들 프로젝트만 전담하랍니다. 1년 동안 집필하는 데 그 비용이면 월 250만 원 남짓이에요. 입장을 바꿔놓고 그 비용을 주면 그들은 정성을 다할까요?"

수긍이 가는 말이었다. 우리 회사 기업사를 월 250만 원짜리 작가에게 맡긴다면 모두들 그럴 것이다.

가격은 부차적인 요인이다. 가격보다 중요한 것은 기업사를 대하는 그들의 철학이다. 따라서 이런 방법을 권하고 싶다. 회사 이력을 보고 그들이 만든 사사 가운데 3권을 무작위로 선정한다. 그 책을 제작했을 때의 과정과 어려움, 어떻게 해결했는지, 그 책의 특성은 무엇인지 묻는다. 그러면 그 회사가 사사에 대해 어떤 생각을 하는지 짐작할 수 있다.

필자도 과거에 그런 방법을 사용한 적이 있다. 하나하나 사사에 대한 설명을 들은 뒤 말미에 이런 질문을 해보았다.

"사사를 왜 만드는 겁니까?"

정말 어이없는 답변을 한 전문회사가 많았다. 철학이 없이 관성적으로 사사를 만드는 전문회사가 의외로 많다. 또 그런 회사들일수록 본질에 접근하기보다 노하우만 들먹인다. 노하우를 갖고 있으면서도 더 설득력 있는 사사를 만들고자 고민하는 회사가 진정한 전문회사일 것이다.

사사만 하는 회사 vs 사사도 하는 회사

실력은 전문적인 역량에서 나온다

사사만 하는
전문회사는 드물어

상담을 하기 위해 사사 전문회사에게 연락을 취하면 대부분 회사 대표들이 나타난다.(아쉽게도 계약서에 도장을 찍은 이후에는 회사 대표 얼굴을 보기가 어렵다) 대표 손에는 온갖 종류의 실적으로 빼곡하게 채워진 가방이 들려 있다. 실무자가 나온다면 많은 의견 교환이 가능하지만 대표들은 대개 일반론이나 자기 자랑만 일삼는다. 몇 가지 질문을 미리 준비해야 원하는 상담이 가능하다. 다음과 같은 질문을 하면 그 회사가 추구하는 바를 대충이나마 짐작할 수 있을 것이다.

- 사사를 제작하면서 문제가 생긴 경우가 있습니까? 그럴 때 어떻게 해결했습니까?
- 전문회사와 계약 전까지 기업에서 해야 할 일은 무엇입니까?
- 우리 회사 사사는 기록을 충실하게 담고자 합니다. 그런데 사료도 없고, 인터뷰를 할 만한 분도 없습니다. 어떻게 해야 합니까?

- 사사를 만드는 가장 중요한 목적은 무엇입니까?
- 귀사의 사사를 만든다면 가장 중요한 가치를 어디에 두고 만들겠습니까?

전문회사들의 특성, 어떻게 파악할까

우리나라에 사사 전문회사가 등장한 것은 2000년대 초반 일이다. 이전까지는 사보나 브로슈어를 제작하던 편집회사들이 간혹 사사를 만드는 식이었다. 당연히 전문성이 부족했고 작가가 원고를 주면 디자인해서 인쇄하는 수준에 불과했다. 기업 담당자들도 사사에 전문적인 역량이 필요함을 인식하지는 못한 상태였다. 소설가 한 명에게 청탁해 원고가 나오면 그냥 제작해서 도서관으로 바로 보내버렸다.

지금도 그렇지만 사사에 전문성이 필요하다고 인식한 것은 오히려 작가들이었다. 처음에는 원고를 써서 넘기는 데 급급했으나 시간이 지날수록 기록문화의 중요성을 깨닫게 되었다. 한편 디자이너들도 사사가 다른 제작물과 달라야 한다는 점을 느꼈다. 사진과 화보 등 비주얼 자료가 아니라 텍스트가 중심이 되는 사사는 다른 제작물과 다른 접근 방식이 필요하다고 여겼다. 이들을 중심으로 사사 전문회사들이 자리를 잡기 시작했다.

현재 사사 전문회사들은 대개 작가 중심의 전문회사, 디자인 중심의 전문회사, 기획 중심의 전문회사 등으로 분명한 특성을 갖고 있다. 그렇다면 어떤 회사가 우리 사사를 제작하는 데 가장 적합할까?

여러 회사를 만나볼 것을 권하지만 특히 작가가 정규직원으로 있는 회사와 상담하면 많은 도움을 받을 수 있다. 사사 업무 가운데 원고집필이 80% 이상을 차지한다. 그만큼 작가 역할이 크다. 실력 있는 전문회사는 다양한 작가군과 함께 작업을 하고 있다. 대부분 작가는 전문회사 직원이 아니라 계약 관계로 집필을 한다. 일부 회사는 작가가 직원으로 소속되어 있다. 이 회사를 눈여겨볼 필요가 있다. 아무래도 회사에 소속된 작가는 소속감과 책임감이 크다.

작가들 외에 기획자가 많은 회사와도 장시간 대화할 것을 권한다. 작가와 기획자는 직접 일을 하는 실무 주체이며, 이런 인력이 많을수록 실무경험이 많음을 의미한다. 전문회사 기획자들은 일정과 작가 관리에 빈틈이 없어야 한다. 특히 원고를 보는 안목이 높아야 한다. 현실은 원고를 제대로 볼 줄 아는 기획자가 드물다. 기획자 이력에 집필경험이 들어 있다면 가점을 줄 만하다.

프리젠테이션 '필수'

**PT,
꼭 필요한 이유**

"팀장님께서 심사위원으로 참석해주세요.."

T그룹 홍보실에서 재직할 때 계열사 한 곳으로부터 연락이 왔다. 사사 전문회사 평가를 해달라고 했다. 시간을 내서 계열사를 찾아가 보니 10여 권에 달하는 기획서가 쌓여 있었다. 조금 읽다가 의문이 들어 다음과 같이 물어보았다.

"PT는 안 하는 거예요?"

"처음엔 고려했습니다만, 그냥 서면평가로 바꿨습니다. 많은 회사가 참가하겠다고 하는데 그 업체를 다 할 수 없는 노릇이어서."

PT를 하면 담당자는 번거롭다. 그러나 서류로 보는 기획안은 솔직히 무슨 말인지 이해하기 어려웠다. 심지어 '자료 수집'이나 '일정관리', '사내외 이벤트' 등의 내용은 10개 기업 중 7, 8개 회사가 거의 유사한 내용을 담고 있었다.

후일 전문회사 직원들을 만나 내용이 어떻게 비슷할 수 있는지 물어보자 이렇게 답해주었다.

"선정된 회사는 나중에 탈락한 회사의 기획안을 볼 수 있습니다. 거기서 좋은 내용을 슬쩍슬쩍 사용합니다. 특히 좋은 아이디어라고 생각하면 틀을 살짝 바꿔 자기 아이디어인 양 말하고 다닙니다.

몇 달 후 다른 회사 PT에서 또 다른 전문회사가 선정되면 그들도 유사한 과정을 거칩니다. 결국 모든 회사들의 제안서 내용이 다 엇비슷해지게 되지요"

그날 제안서 심사 결과, 평판이 가장 좋지 않은 회사가 1등으로 선정되었다. 사사를 잘 모르는 평가자들이 '편찬실적', '가격' 등 눈에 보이는 것만을 판단의 기준으로 삼았기 때문이다. 심사 도중 필자가 다른 심사위원들에게 이렇게 제안한 적이 있다.

"회사 역사를 너무 피상적으로 접근하는 회사는 빼도록 합시다. 부족하더라도 공부하고 고민을 한 흔적이 있는 기획안을 뽑아야 나중에 좋은 책이 나옵니다."

다른 심사위원들의 생각은 달랐다.

"그걸 어떻게 판단할 수 있습니까? 내용도 다 비슷하고 실적도 다 좋으니 가격이 싼 업체로 하는 게 좋을 듯합니다. 어차피 사사란 게 다 비슷하잖아요."

"그냥 작가이력이 가장 좋은 회사를 뽑읍시다."

"삼성 사사가 많은 곳이 좋을 것 같아요. 삼성이 인정한 곳이면 믿을 만하지 않을까요?"

심사위원들은 이 프로젝트의 책임자가 아니다. 자신의 업무와 무관한 타 부서 팀장들이다. 당연히 사사에 대한 이해도는 떨어진다. 필자는 그때 이런 반론을 폈던 기억이 있다.

"내용도 다 비슷하고 실적도 다 좋으니 가격이 싼 업체로 하는 게 좋을 듯합니다. 어차피 사사란 게 다 비슷하잖아요."

(그랬다가 품질이 좋지 않다는 이유로 문제가 생기면 그 책임은 누가 질 겁니까? 게다가 창립기념식 행사 때 사용할 책인데.)

"그냥 작가이력이 가장 좋은 회사를 뽑읍시다."

(그 작가는 프리랜스입니다. 프리랜스를 보고 전문회사를 선정하는 경우가 어디 있습니까?)

"삼성 사사가 많은 곳이 좋을 것 같아요. 삼성이 인정한 곳이면 믿을 만하지 않을까요?"

(삼성과 우리 그룹은 기업문화가 다릅니다. 삼성 사사를 많이 한 전문회사가 다른 회사에 가서는 문제를 일으킨 경우도 많습니다. 그건 어떻게 설명할 건가요?)

그나마 객관적인 평가가 나오게 하려면 PT를 해야 한다. 알지 못했던 것들, 보이지 않았던 것들을 보고 들을 수 있다. 질의 시간을 통해 전문회사가 이번 프로젝트에 임하는 태도나 준비상태를 점검할 수도 있다. 사사에 대한 철학도 파악이 가능하다.

PT시
주의할 사항

한 공공기관이 나라장터에 입찰서류를 올린 적이 있었다. 60년사 제작용역이었고 용역범위는 기획, 집필, 디자인, 사진촬영, 디지털 사사, 제작 인쇄 등이었다. 예정가격은 약 7억 원. 당시로서는 유례가 없을 정도의 큰 입찰이었기에 필자도 관심을 갖고 그 서류를 눈여겨 보았다. 곧 아연실색하고 말았다. 업체 평가방법 때문이었다.

- 평가범위 : 기획 20%, 제작실적 20%, 가격 20%, 전문인력 평가 20%, 디자인 20%
- 평가방법 : 오프라인에 의한 프리젠테이션 평가
- 계약방법 : PT시간 15분(질의응답 5분 포함), 시간 초과시 벌점 부여
- 제안서 작성 내용 : 제작목적, 제작방향, 제작컨셉, 편집방향, 집필방법, 사내외 자료수집방법, 디지털 사사 제작 방향, 외형구성방법, 디자인 시안, 사내 공유방법, 발간 기념 이벤트 제안

주어진 PT 시간은 10분이었지만 설명하라고 요구한 항목은 10가지가 넘었다. 가장 중요하게 평가해야 하는 업체의 준비사항, 우리 회사의 사사를 어떻게 만들겠다는 방법론은 기획과 디자인 두 분야뿐이었다. 그 두 분야에서 차이가 난다 한들 가격 점수 차는 극복하기가 어려웠다.

가격만 보고 업체를 선정하겠다는 의도가 아니라면, 어떻게 이런 배점이 가능할까? 7억 원이라는 막대한 예산을 들여 만드는 사사를 과연 그렇게 심사해도 되는지 의심이 들었다. 실제로 그 일을 수주한 회사는 낮은 가격을 최고의 강점으로 내세운다고 알려진 곳이었다. 아니나 다를까 후일 그 회사의 사사를 보고 난 뒤 실망감이 앞섰다. 역사적 사료도 제대로 정리되지 않았을 뿐더러 독자를 위한 어떠한 장치도 보이지 않았다.

대체 왜 이런 식의 평가를 하는 것일까? 후일 지인을 통해 담당자를

만난 적이 있다. 필자의 이야기를 다 듣고난 그는 이렇게 답했다.

"PT 시간에 제한을 둔 것은 20여 기업이 참여의사를 밝혔기 때문입니다. 만약 한 회사당 30분이라는 시간을 주면 하루 종일 해도 다 끝내지 못합니다. 게다가 예전에 애뉴얼리포트 PT를 심사한 적이 있는데 하는 이야기들이 다 비슷하더군요.."

사사 평가 때 필요한 것은 사사에 대해 이해할 수 있을 만큼의 시간이다. 지금도 기업 담당자들을 만나면 꼭 하는 말이 있다. PT 시간을 30분 이상 넉넉히 주라고 하는 조언이다. 업체를 잘못 선정하면 제작물 때문에 곤욕을 치르거나 아예 프로젝트가 무산된다. 그 책임은 온전히 담당자가 져야 하는 몫이다.

프리젠테이션
준비

PT는 3, 4개 회사가 적합하다. 한 회사마다 30분 정도 시간을 주고, 10분 정도 질의한다. 쉬는 시간 포함해서 총 3시간 안에 일정이 끝난다. 미팅 단계에서 이런저런 회사를 다 만나고, 그중에 3, 4개 회사를 선별한다. 만약 입찰공고를 통해 10개 이상 기업이 참여하면 사전심사를 통해 5개 이내로 압축한다.

대상 회사에게는 3, 4주 전 참석을 통보한다. 아무리 전문회사라 해도 준비하려면 그 정도 여유는 주어야 한다. 참석 회사와 PT 일시가 정해지면 심사위원을 확정한다. 사사라는 특수성과 전문성을 염두에 두고 주관부서 내부적으로 심사를 하는 게 가장 좋다. 그러나 담당 임원이나 팀장의 생각은 다를 것이다. 심사에 대한 책임을 나누고 싶어 한다. 공정성을 확보한다는 명분 아래 회사 내부 주요 부서팀장을 심사위원으로 선정한다. 물론, 사사의 특성에 대해 미리 설명을 해두는 것이 필요하다. 그밖에도 여러 방법이 있다.

- 방법 1 : 홍보팀 직원들
- 방법 2 : 퇴직임원 + 홍보담당 임원
- 방법 3 : 홍보팀 간부 + 주요 부서 팀장들(기획, 총무, 기업문화, 마케팅, 영업, 생산, 글로벌, R&D)

대부분 기업은 '방법 1'을 많이 사용한다. 홍보팀 직원에게는 제작물에 대한 기본지식이 있고, 디자인 감각이나 글을 보는 눈이 있다고 판단하기 때문이다. 2번 방법은 명분을 쌓기에 유리하다. 회사 역사를 가장 잘 아는 퇴직임원과 담당 임원이 함께 심사하면 누가 보아도 그럴듯하다. 추천하고 싶지는 않으나 3번 방법도 책임을 나누기에는 무난하다.

어떤 방법을 결정하든 잊지 말아야 할 것이 있다. 심사위원도 사사에 대한 기본개념이 있어야 한다. 사사에 대한 기본 상식, 사사 제작의 취지 등이 담긴 문서를 작성해서 심사위원들에게 사전에 배포한다.

사전 준비가 되어 있지 않으면 심사위원이 엉뚱한 질문을 던지게 된다.

"사사 객관성을 확보하려면 저명한 작가가 있어야 하지 않습니까?"

이런 뻔한 질문에는 뻔한 모범답안만 나온다.

"저희가 추천드린 사사 작가는 업계에서 가장 저명한 분입니다."

"우리가 알만한 소설가나 방송작가, 기자들은 없습니까?"

사사는 창작물이 아니다. 게다가 개인 창작물을 전문으로 하는 작가는 사사 집필을 버거워 한다. 사료를 찾는 노하우나 인터뷰 방법, 한국 경제사에 대한 이해도가 떨어진다. 방송작가나 기자들도 마찬가지다. 현업을 하는 사람은 일정을 제대로 맞추지 못할뿐더러 기본적으로 사사는 전문영역이다.

이런 질문도 나온다.

"이번 사사는 과거 역사보다 미래비전을 제대로 정리하는 데 중요한 목적이 있습니다. 이 사사에 우리 미래 비전이 수록됩니까?"

사사는 새로운 계획을 수립하는 작업이 아니다. 수립된 계획에 어떤 의의가 있고, 그것을 실행하기 위해 어떤 행동을 하고 있는지를 밝히는 일이다. 게다가 사사 작가들은 경영 컨설턴트가 아니다. 제공해 주어야 할 자료들을 만들어 낼 수 있느냐고 묻는 격이다.

이런 분들은 대개 번지르르한 미사여구를 사용하는 업체에 표를 던진다. '심사위원들을 잘 선정해야 한다는 말'은 곧 좋은 전문회사를 선정한다는 말과도 같다는 사실을 기억해야 한다.

PT 장소는 여유 공간이 넉넉한 곳으로 정한다. 협소하면 기획자 바로 앞에서 설명을 들어야 한다.

노트북 등 장비는 미리 설치한다. 전문회사에게는 USB에 프리젠테이션 자료를 담아오게만 한다. 저마다 노트북을 따로 사용하게 되면, 설치하느라 시간을 소비한다. 자료를 전날 미리 받아 노트북에 저장해 놓기도 한다. 시간을 절약할 수 있을지는 모르나 공정성 시비에 휘말릴 여지가 있다.

최고가 아닌 적합한 회사를 찾는다

**궁합이 맞는
전문회사 찾기**

　　　　　오후 내내 진행되었던 PT가 끝난 뒤 평가단이 한 마디씩
주고 받는다.

"다 엇비슷한 거 같아요."

"그럼 가격보고 결정하면 되지 않나요?"

대부분 분위기는 이런 식이다. 필자가 심사했던 3번의 PT 모두 그랬
다. 사사에 대한 고민이 그다지 많지 않은 심사위원들은 아무리 집중
해도 업체별 차이를 알아채기 힘들다. 업체들마다 강조하는 부분이 다
르기 때문이다.

어느 사례를 소개하고자 한다. 한 기업은 심사위원으로 홍보팀 3인,
일반부서 3인을 위촉했다. A전문회사는 '일정의 중요성'을 강조하면서
'자료수집' 프로세스를 중심으로 설명했다. B전문회사는 자료수집은
'기본 중의 기본'이므로 간략히 넘어가고 책의 구성을 강조했다. C전문
회사는 디자인을, D전문회사는 집필의 중요성을 강조했다.

오래 고민해왔던 홍보팀은 B회사, D회사에 최고점을 주었다. 사사 기획은 곧, 구성이고 집필은 가장 중요한 요인이기 때문이다. 반면 타 부서 심사위원들은 A회사와 C회사가 우수하다고 판단했다. 얼마 후 필자는 그 이유를 물어보았다. 뜻밖의 대답이 돌아왔다.

"A회사는 자료수집에 일가견이 있는 것 같았어요. C회사는 일단 어떤 책을 만들겠다는 것인지 알기 쉽게 디자인되어 있더군요. 하지만 나머지 회사들은 집필이나 기획에 대해 말을 많이 했는데 무슨 말인지 못 알아 듣겠더군요. 편년체니 기사본말체니 어려운 말이 많아 가슴에 와 닿지는 않았습니다."

충분히 공감할 수 있는 말이었다. 물론 비전문가들을 대상으로 사사의 본질인 기획과 집필에 대한 설득의 몫과 책임은 전문회사에 있다. 그러나 짧은 프리젠테이션 시간 안에 기획, 편찬방향, 구성, 집필, 디자인, 자료수집 방법, 일정관리, 내부 직원들과의 커뮤니케이션 방안 등을 설명하는 데에는 한계가 있다.

전문회사 담당자들의 이야기는 그런 측면에서 기업 담당자들에게 많은 시사점을 준다.

"우리 회사는 PT할 때 자료수집방안이나 일정 등에 대해서는 상세히 말씀드리지 않습니다. 자료가 없는 것은 그 회사만의 특징이 아닙니다. 거의 모든 기업들은 성장하느라 바빠 과거 역사를 충실히 보존할 생각을 갖지 못했습니다. 특히 업무 효율화 등을 몇 차례 거치고 나면 대부분 사료는 유실됩니다. 본사나 공장이라도 한 번 이전하게 되면 자료는 거의 남아나지 않습니다. 지금 사내에 사료가 어떻게 관리되고 있는지 모르면서 사료수집방법을 구체적으로 말할 수는 없습니다."

PT는 최고의 전문회사를 고르는 자리가 아니다. 이를 착각을 하는 심사위원이 더러 있다. PT는 우리가 만들고자 하는 사사 방향성을 가장 잘 구현해줄 회사를 찾는 일이다. 결정권을 심사위원에게만 맡겨서는 곤란하다. 그렇다면 어떤 방안이 좋을까?

기획, 집필 중심의 배점표를 만들어 심사위원들에게 배포한다. 가격은 추후 협상을 통해 얼마든지 네고할 수 있으므로 많은 비중을 두지 않는 것이 좋다. 항목을 다양하고 구체적으로 나눈다. 항목마다 중요도에 따라 배점을 달리한다.

가격 평가, 어떻게 할까

국내 굴지의 철강기업 A는 2005년 3권 1책 규모의 35년사를 간행했다. 그때 전문회사와 맺은 가계약은 12억 원 규모였다. 기획은 물론 자료수집, 집필, 사진, 디자인, 제작까지 모든 것이 포함된 금액이었다. 약 1년 후, 국내 세 손가락 안에 드는 B 전자회사는 3권 1책 규모의 50년사를 발간했다. 규모는 비슷했으나 가격은 5억 원 남짓이었다. 12억 원과 5억 원, 도대체 이 정도로 차이가 난 이유는 무엇일까?

가장 큰 차이는 제작기간이었다. 기간이 길수록, 다시 말해 공기가 길수록 가격은 늘어난다. 물론 제작기간이 길수록 훨씬 더 우수한 사사가 나오는 것은 자명한 사실이다. 반대로 제작기간이 짧아도 가격은 올라간다. 그만큼 많은 인력이 필요하기 때문이다. 과연 어느 정도 금액이 적당할까?

가격 견적을 전문회사들에게 요청하면 그야말로 천차만별이다. 많게는 3배 이상 차이가 나는 경우도 있다. 담당자는 혼돈에 빠지게 된다. 대체 누구 말이 맞는 것일까? B자동차 부품기업이 겪었던 일이다. B사는 다음과 같은 기준을 동일하게 전문회사들에게 배포했다.

- 제작기간 : 16개월
- 제작범위 : 전면 대행(기획, 외부 사료수집, 집필, 촬영, 디자인, 제작,
  디지털 사사)
- 제작규모 : A4 판형, 300면 내외, 양장제본(케이스 포함), 1권 1책, 2,000부
- 기타사항 : 작가 상근, 출장비는 실비로 별도 정산

거의 비슷한 가격이 들어올 것으로 생각했지만 그렇지 않았다. A사는 1억2,000만 원, B사는 2억 원, C사는 2억 5,000만 원이었다. 각 회사에게 근거를 설명하자 나름대로 이유가 있었다.

"사사라고 해서 비쌀 이유가 없습니다. 시스템과 관리만 잘 해도 충분히 1억 내외 금액으로 만들 수 있습니다.(A사)"

"사내에 자료가 거의 정리되어 있지 않을 겁니다. 한두 사람이 투입되어서 제작할 수 있는 문제가 아닙니다. 작가는 물론, 자료수집 인력이 함께 투입되어야 합니다. 이런 인력들을 1년 이상 투입하려면 적어도 2억 원 정도는 되어야 합니다.(B사)"

"2억 5,000만 원이 많아 보일 수도 있습니다만, 인쇄 제작비를 제하고 나면 한 달에 1,300만 원 정도에 불과합니다. 그러나 투입되는 인력은 적어도 3명 이상입니다. 게다가 우리 회사는 작가 1인에게 맡겨두지만은 않습니다. 팀 전체가 일을 추진해야 문제 없이 제 일정에 일을 끝낼 수 있습니다."(C사)

설명을 듣고 나면 고개가 끄덕여진다. 그 내용을 담아 상부에 보고하지만 위에서는 잘 수긍하지 못한다. 대개 가장 비싼 업체는 제외된다. 그러나 그동안 경험으로 보면 사사만큼은 '싼 게 비지떡'이다.

가장 싼 가격을 제시한 업체는 모든 프로세스를 작가에게 맡겨두고 기획자는 2주일에 한 번 얼굴만 보이기 일쑤다. 그들의 논리는 이렇다.

"원고가 나오기 전까지 사실 할 일은 그리 많지 않습니다. 그래서 우리는 작가를 지원하는 데 주력합니다."

당연히 거짓말이다. 사사를 제대로 해본 적이 있는 사람이라면 '기업사 제작'이 얼마나 고된 일인지 잘 안다. 작가 원고 지원은 물론이고, 내부 사료 수집, 콘텐츠 기획 구성, 사진 수집, 사진 촬영 입안, 보고서류 작성, 인터뷰 주선 및 섭외, 연표 작성 등등 할 일이 태산이다. 그런 일들을 모두 기업에게 떠넘기는 격이다.

따라서 회사에 좋은 일 한다고 싼 업체를 선정하는 우를 범하면 안된다.

그렇다면 어느 정도 금액이 합리적일까? 견적서에서 집필기간과 집필작가에게 지불되는 비용을 확인한다. 대개 작가들은 하루에 원고지 20매 정도를 쓸 수 있다. 전체 매수를 쓰는 기간을 산정하고 사료수집 및 인터뷰 기간(일반적으로 3개월 정도), 퇴고기간 1개월 정도를 더한다. 집필기간 동안 작가가 다른 일을 해도 되지 않을 정도의 금액인지 확인한다. 물론 작가에 따라 가격 차는 분명히 있다. 그래도 비싼 작가들은 분명히 그 몫을 해낸다고 생각하면 된다. 비싸게 받아도 일이 있다는 말은 그 정도의 값어치를 한다는 말이다.

디자인도 마찬가지다. 몇 명의 인력이 투입되는지 확인한다. 2인의 디자이너가 약 3개월 정도 투입된다고 보면 된다. 기타 기획비용, 사료

수집 비용 등은 회사 사정을 감안해서 확인하면 대체로 합리적인 가격인지 확인 가능하다.

인건비로 비용을 산출하는 방법이 가장 합리적이지만 말처럼 쉽지 않다. 견적을 제출한 전문회사 담당자를 불러 항목별로 설명을 해달라고 하는 게 현명한 방법이다. 1시간만 설명 들으면 이 가격이 합리적인지 덤핑인지, 과하게 산출된 것인지 가늠할 수 있다.

PT에 참여한 회사의 견적서를 항목별로 비교한 비교견적서를 만들어 보면 한눈에 들어온다. 항목별 적정 가격을 정하고, 이를 합산해서 적정가를 산출한다. 이를 기준으로 가격 평가를 한다. 과다하거나 과소한 견적에 대해 감점을 하는 방식으로 하면 조금 쉬워진다.

Tip! 사사 판권을 유심히 보라

¤ 실적을 확인하기 가장 좋은 방법은 판권이다. 전문회사 이외에도 직접 글을 쓴 작가, 디자이너, 기획자의 이름이 적혀 있다. 물론, '총괄기획'이라는 모호한 타이틀로 전문회사 사장과 임원 이름이 명기된 경우도 있다. 혹여라도 직원들이 퇴사하면 실적으로 인정받지 못할까 싶어 사장과 임원들이 자신의 이름을 적어 넣는다. 사장이 직접 일을 하는 경우는 극히 드물다. 대개 얼굴마담에 그칠 뿐이다. 따라서 대표는 제외하면 정확하다.

마음에 드는 사사가 있다면 회사 이름 대신 집필작가, 기획자, 디자이너의 이름을 믿는 것이 더 낫다. 그것이 진정한 실적이다.

사사 집필 전문작가

작가가 사사의 전부다

작가 선정을 남에게
맡기는 이상한 현실

　　사사 제작 업계에는 이런 이야기가 있다.

　'디자인이 문제면 발간이 한 달 늦춰진다. 원고가 문제면 사사 발간
은 실패한다.'

　디자인은 인쇄, 판형을 포함하는 '형식'이다. 원고는 '내용'이다. 맛
있는 음식은 어떠한 그릇에 담든 먹을 수 있지만, 먹을 수 없는 음식은
아무리 아름다운 그릇에 담아도 먹지 못한다. 디자인은 짧은 기간에
수정할 수 있지만 원고는 해결이 불가능하다.

　조금 과장하면 작가는 사사의 전부다. 사사를 만드는 모든 기업은
제일 먼저 사내집필과 외부집필을 두고 고민하게 마련이다. 앞서 언급
한 것처럼 장단점을 비교해보면 대개 전문작가에게 의뢰하는 방향으
로 결론이 난다. 사내 집필은 회사를 잘 안다는 장점 하나인데 반해 리
스크가 크다. 문제는 작가를 잘못 만나면 사내 집필만도 못하고 때에
따라 작가 교체나 제작 무산으로 이어진다.

　작가 교체는 쉬운 일이 아니다. 각종 보고서를 써야 하고 합당한 사

유가 있어야 한다. 만약 원고 품질 때문이라면 심한 질책까지 각오해야 한다.

이상하게도 전문회사 선정에는 열을 올리는 기업이 작가 선정에는 미온적이다. 심지어 업체에게 모든 걸 일임하는 기업도 있다.

"전문가들만 믿습니다. 좋은 작가로 부탁드립니다."

그러면 전문회사의 답변은 한결 같다.

"걱정 마십시오. 최고의 작가를 추천하겠습니다."

이런 말을 남긴 전문회사는 대개 2명 내지는 3명의 작가 이력을 보낸다. 다음과 같은 조합이다.

- 1안 : 이력 A, 50대 초반
- 2안 : 이력 B, 40대 후반

이런 이력을 받으면 선정하기가 더 어렵다. 거의 90% 기업들은 책임을 미룬다.

"업체에서 알아서 해주세요. 대신 원고에 책임을 지세요."

과연 합리적인 결정일까? 정말 원고가 잘못되면 모든 책임을 전문회사가 질 수 있을까?

전문회사는 이윤을 좇는 기업이다. 사사는 맞춤형 주문 생산품이다. 한 번 납품하면 끝이고 10년 안에는 다시 만날 일이 없다. 다시 말해 전문회사의 생각은 기업과 다르다. 최고의 원고를 쓸 수 있는 작가보다는 집필료가 저렴하면서도 평이하게 작업하는 작가가 1차적인 추천대상이다. 다시 말해 선정기준은 돈이다.

한 기획자가 솔직히 토로한 내용을 그대로 옮기면 다음과 같다.

"A은행이 사사를 만든다는 연락을 받으면 제일 먼저 A은행 관계사 사사를 쓴 작가를 1차 대상에 올립니다. 다음은 금융업 이력이 많은 작가를 2차 대상에 올립니다. 그중 가격이 싸면서 집필 경험이 많은 작가에게 먼저 전화를 겁니다. 대부분 작가들은 다른 일을 하고 있을 때가 많지만 중복 집필을 권유하지요. 관련 업종 작가가 가장 유리하니까요."

오직 1권의 사사에 집중해도 성공이 확실치 않은 마당에 상당수 작가들이 중복 집필을 한다. 최근에 만난 기업 담당자의 말은 여러 가지를 시사한다.

"이력이 화려한 작가를 선정했는데 초고를 받아보고 너무 실망했습니다. 심지어 원고 중간에 다른 회사 이야기가 섞여 있더군요. 내용을 알아보니 세 회사 일을 동시에 하느라 내용에 혼동이 왔다고 하더군요. 그 바람에 그 작가의 원고 전체 내용에 대한 사실을 확인하느라 2주일가량 밤을 샜습니다."

작가 선정을 전문회사에게 일임하면 안 된다. 전문회사를 선정하는 일 못지 않게 신경을 써야 한다.

차라리 회사
내부에서 쓸까

좋은 작가를 찾기 쉽지 않다고 생각되면, 자연히 눈을 내부로 돌리게 된다. 특히 의학이나 제약, 금융 분야 기업들이 그런 생각을 더 강하게 한다.

'우리 업종은 전문성이 중요하지. 내부에서 원고를 쓰고 전문작가에

게 윤필을 맡기는 게 낫지 않을까?'

얼핏 생각하기에는 타당해 보인다. 그러나 누누이 강조하지만 리스크가 적지 않다는 점을 생각해야 한다. 당장 사내의 누구에게 원고를 맡겨야 할지 고민이다. 수많은 업무를 떠안고 있는 내부직원들에게 부탁하기란 쉽지 않다. 적지 않은 사사 원고를 한두 사람에게만 맡길 수도 없다. 적어도 5명 이상의 필진을 선정하는 데에만 두어 달의 시간이 흘러간다. 10년 이상 근속자들 가운데 필력이 있고 내부 사정을 잘 아는 직원은 드물다. 게다가 사내 여론도 신경 써야 한다.

선정된 직원도 대놓고 거부하기 십상이다. 낮에는 업무를 해야 하고 밤에 써야 하는 일을 누가 좋아할까? 어렵사리 집필진을 모았다고 해도 첩첩산중이다. 사람이 많을수록 꼬이는 일이 바로 사사 작업이다. 가목차를 잡고, 집필방향을 정하기는 작가 선정보다 더 어렵다. 수개월 만에 힘들게 가목차를 내놓고 나자 이제는 일정이 문제다. 실무팀은 매일 같이 독촉전화를 하지만 집필자들도 죽을 맛이다. 집필자가 중간에 다른 조직으로 인사발령이라도 나면 올스톱이다. 그런 이유로 내부에서 집필한 사사 가운데 기한 내에 간행된 경우는 극단적으로 말해 단 1건도 없다.

원고가 나오면 그때서야 내부 집필이 실상 불가능했음을 깨닫게 된다. 문체가 다른 점은 그렇다 쳐도 아예 글의 구성과 구조가 제각각이다. 1부는 1편-1장-1절 체제인데, 2부는 보고서 형식이다. 또 누구의 글은 도표가 하나도 없는데, 또 다른 누군가의 글은 대부분이 도표와 그래프다. 똑같은 자료를 인용해 쓰다 보니 곳곳이 중복이고, 표기법이나 수치 수록법, 단위도 제각각이다.

부랴부랴 전문회사와 윤필작가에게 일을 의뢰하지만 난감한 상황이

펼쳐진다. 차라리 '맨 처음부터 쓰는 게 더 낫다'는 결론에 도달하기 때문이다. 윤필 비용도 싸지 않다. 집필 비용의 70%에 육박한다. 시간은 시간대로 돈은 돈대로 허비하게 된다.

퇴직한 임원이나 직원들에게 청탁하기도 한다. 이번에는 다른 문제에 봉착한다. 퇴직한 직원들은 대개 50대 후반 나이이다. 그 시대의 글쓰기는 긴 문장에 접속사와 한자어가 난무한다. 다시 말해 올드한 스타일이다. 최근 사사나 단행본의 글은 명료하고 힘있게 밀고 나가는 스타일이다. 자연히 윤필에 더 많은 시간이 들어간다. 일정 준수는 거의 불가능하다.

내부사정 때문에 반드시 내부직원이나 퇴직한 직원에게 원고를 맡겨야 한다면 반드시 사사 집필작가를 조언자로 사전에 영입하라고 권하고 싶다. 집필작가의 인도를 받아야 배가 바다로 갈 수 있다.

집필작가 유형

작가도 저마다 주특기가 있다

**결론은
이력이 화려한 작가?**

　　모 문학상 당선 작가 · 모 대학 교수, 어느 사사 작가의 명함에 적힌 이력이다. 기업 담당자들은 이런 명함이나 이력을 보면 일단은 점수를 주고 본다. 문학상 당선이니 글빨이야 좋을 것이고, 게다가 교수이니 훨씬 더 좋지 않을까?

　필자는 위의 이력을 지닌 작가와 공동 프로젝트를 수행한 적이 있다. 결론은 실패였다. 교수가 본업인 작가는 2주일에 한 차례씩 하는 회의에도 듬성듬성 얼굴을 비쳤다. 특강, 총장님과의 면담 등등 온갖 이유를 들어 회의 참석을 미뤘다. 원고 마감을 넘기기는 물론, 기초적인 사실조차 허다하게 틀렸다. 가장 큰 문제는 상이한 문체였다. 어떻게 한 사람이 쓴 글이 이렇게 다를까 고민한 적도 있었다. 심지어 주어가 다른 일도 있었다. 필자가 작가에게 그 이유를 묻자 그는 이렇게 답했다.

　"요즘 일이 너무 많아 쉬운 부분을 제자에게 의뢰했습니다. 제가 다 정리할 수 있으니 걱정 마십시오."

　사실을 알고 보니 무려 4명의 제자들에게, 그것도 대학원생들에게 초고집필을 시켰다고 했다. 그 제자들은 이미 2년 전부터 사사를 대여섯 권이나 쓴 경험이 있었다. 교수 직함으로 사사 집필 일을 맡고 그 일을 세상 물정도 모르고 경제 문외한인 이들에게 대필시켰다.

어느 회사는 대표가 직접 사사를 쓴다고 이력을 제출한 뒤, 실제 일은 경험이 부족한 작가들에게 맡기고 있다. 이런 얼굴마담 작가들은 이력이 화려하다. 수십 권의 사사 집필 이력을 자랑한다. 사사 집필을 시작한지 10년도 안 된 작가가 30여 권의 사사 이력을 갖고 있기도 하다. 물론, 자신이 직접 쓴 사사는 그중 일부분에 불과하다.

판권에 이 작가들의 이름이 들어 있으므로 기업 담당자들은 이력을 사실로 믿는다. 최근 사사의 판권을 보면 2, 3인의 작가 이름이 적혀 있다. 공동집필한 경우도 있지만 이름만 올려놓은 경우도 있다.

작가 프로필을 제대로 확인하고 싶다면 직접 기간을 명기하라고 한다. 단순히 무엇을 썼다고만 할 것이 아니라 언제부터 언제까지 진행된 프로젝트인지 명기하라고 해야 이러한 거품이 사라진다.

명망 있는
유명 작가

과거에는 명망 있는 문필가들이 기업사를 쓴 적이 있다. 1970년대나 1980년대 일이다. 그때는 전문작가라고 칭할만한 이들은 문단에 속한 문학인뿐이었다. 이런 분들은 임원급 대우를 받고 전문 집필실에 출퇴근을 하며 글을 썼다. 자료는 회사에서 다 스크랩해서 줘야 했고, 직접 취재하는 일도 없었다.

노련한 작가여도 책상에 앉아 숫자와 데이터만 보고 쓰면 글은 고리

타분해진다. 살아있는 역사가 아니라 박제된 역사가 되고 만다. 취재의 중요성을 알려주는 사례를 소개한다.

A호텔 사사를 썼을 때 일이다. 제공받은 창업주의 경영철학 자료 가운데 '현장경영' 항목이 있었다. 내용은 지나칠 정도로 원론적이었다. 고심 끝에 직접 취재에 나섰다. 공사 현장 관계자를 만나고 호텔에서 일하는 각종 직업군을 만났다. 다음과 같은 내용을 확보했다.

"신축호텔이 들어섰을 때입니다. 개관을 한 달 쯤 앞두었을 때 회장님이 시찰을 나오셨습니다. 회장님이 갑자기 에스컬레이터를 타고 지하로 내려가셨습니다. 통로를 따라 지하철 매표소에 서시더군요. 지하철 표를 사셨습니다. 수행원들이 놀라 옆으로 다가가자 회장님은 손으로 그들을 물리치고 지하철 개찰구 안으로 들어갔다 나오시더군요.

회장님은 그때 손목시계를 보더니 말씀하셨습니다. '7분 30초나 걸리네. 통로 각도를 20도 더 돌리면 반으로 줄어들지 않을까. 개관이 좀 늦어도 상관없으니 연구해 보게나.' 다시 돌아가는 도중에 자판기를 놓아야 할 곳, 개수대의 필요성 등을 언급하셨습니다."

그 이야기를 듣고 현장경영의 실제사례로 풀어 썼다. 반응은 좋았다. 어렵고 딱딱한 이론이 아니라 살아있는 사례였기 때문이다.

이제 과거와는 달리 베스트셀러 작가나 명망 있는 작가를 초빙할 필요는 없다. 오히려 지나치게 저명한 작가에게 의뢰하면 문제가 생길 공산이 크다. 토씨 하나 바꾸는 데에도 허락을 받아야 하고 담당자들이 작가 수발을 드느라 진땀을 뺀다.

사사에 대해 많은 고민을 해온 전문작가들이 있다. 그들은 수많은 경험이 있으므로 난관에 봉착했을 때나 기획상 문제가 있을 때에도 해결 대안을 제시해준다.

의뢰할 수 있는
작가군

- 연표, 외부 자료조사, 가목차 등 사사 편찬과 관련된 다양한 업무를 수행한다.
- 풍부한 인문학 지식과 사고를 기초로 작가가 입체적이고 균형감 있는 구성을 한다.
- 매끄러운 문장은 쉽게 읽힌다.

외부 작가에게 원고를 맡기면 얻게 되는 장점이다.

단점도 있다. 사내 사정이나 업종에 대해 어둡다. 사내의 미묘한 점을 완벽하게 기술하는데 어려움이 따른다. 같은 사안에 대해서 사내와 사외에서 바라보는 시각이 달라 사내 임직원에게는 당연하게 받아들이는 사실을 작가가 오인하기도 한다. 담당자는 사내 관계자에게 사료를 두고 '이 내용을 외부 사람에게 알려도 되는가'라는 질문을 받기도 한다.

그럼에도 불구하고 대부분 기업에서는 외부 작가와 손을 잡는다. 위에서 언급한 것 이외에도 얻는 게 많다. 내부 직원이 최고경영자의 의중을 파악하기 어려운 부분이나 가목차 등 결심을 받아야 하는 때 전문 작가의 도움을 받는다. 작가는 최고경영자와 인터뷰나 미팅하는 과정에서 내부 직원의 갈증을 해결해줄 수 있다. 대부분 최고경영자는 전문가로서 작가의 의견이나 건의를 존중하는 경향이 있다.

여러 스타일의 외부 작가가 있다. 여러 가지 사정을 잘 고려해서 선택해야 한다.

유명 작가

베스트셀러를 써낸, 문단에서 인정받는 유명 작가. 누구나 마음이 끌린다. 이들은 취재도 문장도 수준이 높다. 반면 자기 주장이 강하다. 비용을 받고 집필을 하는 사사의 기본 입장을 잊어버린다. 사사 편찬 의도와 완전히 어긋나거나 제3자적 비평이 가해진 원고가 나온다.

초고가 나온 다음에 사내 감수를 통해 수정이 이루어진다. 사사 원고에서는 흔한 일인데, 유명 작가는 자존심을 앞세워 원고 수정에 응하지 않기도 한다. 심하게는 작가가 잠적을 해버려 담당자의 애를 먹이기도 한다.

카피라이터

팸플릿, 포스터 등 감각적인 짧은 글을 쓴다. 긴 호흡의 글보다는 짧은 글에 익숙하다. 사실을 기록하기보다도 말솜씨를 부려 감각적인 글을 뽑아내는 게 본래 일이라 사사에 맞지 않다.

저널리스트

견문도 넓고 취재 및 인터뷰에서 강점을 지닌다. 원고도 단문으로 예리한 맛이 있다. 그러나 카피라이터와 마찬가지로 짧은 읽을거리 기사가 대부분이라 원고지 1,000매 이상을 쓰는 사사에는 어울리지 않는다. 간혹 외부에서 추천을 하는데, 이럴 때는 책을 출간한 경험이 있는지를 반드시 확인한다.

회사 자료를 저널리스트에게 공개한다는 부담감도 적지 않다.

사사 전문작가

사사, 경영자 자서전 등을 전문적으로 집필하는 사사 전문작가가 제법 있다. 매끄러운 문장과 긴 원고는 물론이고 발주자의 이해와 요구를 잘 반영한다. 기업 내부 사정에 밝고 경험이 많아 솜씨 좋게 경영층과 인터뷰할 수 있다. 사사 편찬 진행에 익숙해 담당자와 소통이 원활하다. 단, 매너리즘에 빠지기 쉬워 원고가 제한된 틀에서 벗어나지 않는 작가도 더러 있다.

우리 회사에 맞는 작가를 진정으로 찾고자 한다면, 작가가 집필한 사사를 적어도 1권 이상은 처음부터 끝까지 읽어본다. 몹시 고된 일이지만.

시작과 끝이 한결같은 작가

**우리에게 맞는 작가,
어떻게 찾을까**

　　　　사사 작가들의 스타일은 제각각 다르다. 어느 작가든 사사에 대한 자기만의 생각이 있다. 어느 작가는 기록을 중심으로 정확하게 쓰기를 선호하고, 반대로 스토리텔링을 통한 이야기 전개에 강한 작가가 있다. 정작 기록을 중시하는 작가를 모셔놓고 '재미있게 써 달라'고 요구하면 작가는 난감해한다.

　가장 좋은 방안은 먼저 전문회사에게 작가를 추천해달라고 말할 때, 명확히 요구하는 것이다.

　"우리 회사는 직원들이 쉽고 재미있게 읽을 수 있는 사사를 만들고자 합니다. 여기에 적합한 작가를 찾아 주십시오."

　"우리는 처음 사사를 만드니 재미는 없어도 됩니다. 다만 후대에 정확한 기록을 남길 수 있는 작가를 추천해 주십시오."

　이렇게 명확한 목적을 말하면 몇 명의 후보군이 생긴다. 한 회사에 의뢰하지 말고 가급적 많은 회사에 추천해 달라고 하는 것도 방법이다. 작가 추천과 업체 평가를 연동한다고 말한다면 전문회사가 가용한 작가들을 총동원하게 된다. 이럴 때에는 이력만 받으면 안 된다. 직접 쓴 원고를 읽어보고 평가하는 것이 바람직하다. 작가 이력은 대기업 사사 이력을 중심으로 전달되게 마련이다. 기업 이름에 현혹되면 안 된다. 애초에 그 회사의 사사 제작 목적과 우리의 제작 목적은 다를 수밖에 없다.

"우리가 원하는 사사는 이야기 스타일이니 그렇게 집필된 가장 자신 있는 사사를 제출해 주십시오."

시간이 걸리더라도 제출된 사사를 꼼꼼하게 읽어본다. 대부분 담당자들은 앞부분만 읽고 내려놓는다. 그래서는 안 된다. 타 회사 사사를 다 읽기는 힘들다. 시간을 내어 다 읽으면 좋겠지만 정 여건이 안 된다면 처음, 중간, 끝 부분을 조금씩 살핀다.

어느 작가든 사사 앞부분에는 정성을 쏟는다. 작가 실력은 중반 이후에 드러난다. 실력 있는 작가 원고는 마지막 페이지까지 앞부분과 같은 수준을 유지한다. 정성이 부족하거나 날려 쓰는 작가 원고는 중반 이후부터 길을 잃거나 비문이 속출한다.

일정 정도의 자료를 제공하고 그것으로 A4 2면 정도 분량의 샘플 원고를 받는 방법도 권한다. 실제로 B은행은 일부 자료를 제공한 뒤 그 원고로 작가를 평가했다. 다음과 같은 스타일의 원고가 나왔다고 한다.

• A작가 : 제공된 자료만 갖고 기록 중심으로 쓴 경우
• B작가 : 제공된 자료를 바탕 삼아 스토리텔링 한 경우
• C작가 : 제공 자료에 기타 외부자료를 수집해서 스토리텔링한 경우

당연히 결론은 C작가였다. 외부자료 수집 능력도 작가 평가 항목이 될 수 있다.

작가 선정은 철저히 기업의 몫이다. 작가 선정만 잘 되면 절반은 성공한 것이다.

비싼 작가, 그 값을 정말 해낼까

대체로 사사 작가의 고료는 비슷하다. 값비싼 작가도 분명히 있다. 언뜻 원고를 보면 비싼 작가나 그렇지 않은 작가의 차이를 모를 수 있다. 그래도 직접 발로 뛰면서 취재하고, 50인 이상 임직원을 인터뷰하는 작가의 글은 분명 다르다. 이런 원고는 내부 임직원에게도 생생하게 느껴진다.

원고료가 비싼 작가는 중복 집필하는 경우도 거의 없다. 사사는 쉬운 일이 아니다. 사라진 자료를 찾아야 하며, 없는 자료를 찾기 위해 전력을 다해야 한다. 그렇게 숨어 있는 한 페이지의 문서가 기업의 스토리를 만들고, 기업의 뿌리를 바꾸기도 한다. 창고에서 몇 달간 살면서 사료를 찾아내는 작가의 글은 생동감이 넘친다.

한 전문회사 사장에게 작가들을 비판한 적이 있다.

"글을 쓴다는 자부심이 있어야 하는데 요즘 작가들은 그렇지 않은 것 같아요. 두 세 권의 사사를 동시에 집필하는 경우가 허다하니."

그러자 전문회사 사장은 정색을 하면 반론을 폈다.

"작가 입장에 서 보면 생각이 조금 달라지실 겁니다. 1권 정도 쓰면 원고료가 2,000만 원 안팎이지요. 대개 자료수집부터 인터뷰, 가목차 작성, 원고 작성, 교정, 카피 작성 등 작가 일은 10개월이 넘도록 걸립니다. 훌륭한 전문직인데 연봉으로 따지면 신입사원 정도도 안 됩니다.

일이 쉬지 않고 계속 있는 것도 아니니 어쩌면 그보다 낮다고 보아야지요. 그러니 작가들 입장에서 2권 이상 동시에 끌고 갈 수밖에 없는 겁니다."

중복 집필의 피해는 기업들에게 돌아간다. 어느 작가는 볼멘소리를 했다.

"전문회사가 작가 고료를 전액 지불하지 않는 일이 많습니다. 돈을 늦게 주는 경우는 다반사구요. 작가들이 중복 집필하는 것을 뭐라고 할 수만은 없습니다."

우리 회사의 소중한 사사를 신입사원 봉급 정도 주면서 맡길 수는 없지 않은가. 고료도 가급적이면 깎지 않는 것이 좋다. 값비싼 작가들은 반드시 그 몫을 해낸다.

기자, 방송작가, 카피라이터는 신중하게 고려

"우리 업종을 오래 취재한 산업부 기자에게 원고를 맡기겠습니다."

"10년 전에 신화창조의 비밀이라는 프로그램에 우리 회사가 소개된 적이 있습니다. 그때 방송작가가 인터뷰를 많이 했으니 적당할 것 같습니다."

"CEO께서 얼마 전에 우리 회사 광고를 맡았던 카피라이터에 호감을 느끼고 있습니다. 그 분은 어떨까요?"

기자, 방송작가, 카피라이터를 선호하는 회사도 있다. 공통적으로 우리 업종이나 회사를 잘 안다는 이유 때문이다. 거기에 한 가지가 더해진다.

'사사 작가가 쓰면 글이 재미 없는데, 기자나 카피라이터, 방송작가가 쓰면 낫지 않을까?"

결론부터 말하면 아니다. 기자나 방송작가나 카피라이터는 기본적으로 긴 글을 쓰는 데 약하다. 기자는 짧은 지면을 효율적으로 사용하는 연습을 오래 했다. 방송작가는 구어투 문장에 익숙하다. 이들 또한 한 프레임당 1줄 정도로 쓰는 단문에 익숙해 있다. 카피라이터는 축약과 감각에 익숙하다. 해석하고 분석해야 하는 사사와는 대칭점에 서 있다. 이 직업군이 쓴 사사는 대개 실패한다. 사사 진행 프로세스에 대해 알지 못하거니와 문제가 생기거나 막히면 대안을 찾지 못한다.

설령 글을 썼다 해도 재미나 감동이 없다. 사사를 집필해본 한 기자는 이렇게 고백한 적이 있다.

"기사는 50년 역사 중 재미있는 내용 2~3가지만 압축해서 다루므로 흥미를 줄 수 있었습니다. 그런데 50년 역사를 쭉 이어가다 보니 설명만 남더군요."

이런 이들과 작업을 하려면 많은 점을 감내해야 한다. 그들의 장점을 원고에 녹여내는 것도 담당자의 임무가 되겠지만.

Tip! 면담으로 최종 결정

¤ 어떤 스타일의 작가든 사사 집필 경험이 있는 작가로 한정해 면담을 진행한다. '기업경영에 대한 이해가 있는가? 경영진과 솜씨 좋게 대응할 수 있는가? 회사 사업 분야에 대해서 공감을 갖고 접할 수 있는가?' 등을 보고 가부를 결정한다.

기획의도에 따라 결정

단독은 필수,
공동은 선택

　　최근 들어 전문작가들도 협업하는 사례가 늘어나고 있다. 사사가 통사와 부문사 등으로 분화되는 까닭이다. 혼자 쓰는 단독 집필과 여러 사람이 나누어 쓰는 공동 집필에는 분명 차이가 있다.

　단독 집필은 작가가 일정한 편찬 방침에 따르면 된다. 공동 집필은 작가끼리의 협력이 필요하다. 편찬방침을 공유한 뒤 목차를 상세하게 뽑고 그에 따른 원고 분량을 정한다. 충분한 협의를 거쳐 샘플 원고를 작성한다. 샘플 원고에는 구성, 문체 등 집필 방향이 녹아있다. 용어와 표기법 등을 집필 전에 합의한다. 초고 집필이 끝나면 대표 작가가 전체 원고를 감수한다. 아무래도 복잡한 단계를 거친다.

　이런 점을 감안하면 단독 집필 쪽에 승차하는 게 안전하다. 그럼에도 불구하고 때에 따라 공동 집필 탑승권을 끊어야 할 때가 있다. 시간에 쫓기거나 분량이 많거나 분권을 하면 공동 집필이 더 빠르고 안전하다.

공동 집필
탑승권을 끊다

        사사 편찬 기간은 매우 길다. 1년 이상이 필요하다. 내부 사정으로 인해 창립기념일까지 1년이 채 안 남았거나 발간 일을 앞당겨야 하는 일이 발생한다. 1년이라고 해도 원고 감수, 디자인, 인쇄 등 필수 과정을 빼고 나면 원고를 집필할 시간은 6개월 남짓이다. 작가 혼자 힘만으로 버겁다.

    기업에 있어서 큰 기점이 되는 50년사나 100년사는 분량이 상당하다. 게다가 그룹 사사는 취재할 곳이 방대하다. 대부분 그룹이 글로벌로 뻗어나가 국내는 물론, 해외 곳곳까지 발품을 팔아야 한다. 기간이 넉넉하다 해도 단독 집필로는 힘들다.

    이런 상황이라면 처음부터 사사를 분권으로 기획한다. 시간 순으로 편찬하는 통사, 역사를 주제에 따라 분류해서 풀어가는 테마사, 기술 개발 역사를 담은 기술개발사 등으로 3권 체제, 혹은 4권 체제를 적용한다. 작가 한 사람이 집필을 모두 도맡아 하면 각 권의 특색을 잘 살리기 어렵다. 각 권의 특색에 맞는 장점을 지닌 작가를 따로 선정해야 처음 의도가 산다.

Part 3

우리 회사에
어떤 사사가
필요한가

10년 주기가 무난하다

10년 단위
편찬이 '대세'

2003년부터 2015년은 사사 발간의 황금기였다. 그 기간 동안 50주년 사사가 가장 많이 발간되었다. 사사 편찬 전문회사 관계자들 의견이나 재계 역사를 살펴봐도 그렇다. 우리나라 경제사를 살펴보면 해방 이후 많은 기업이 탄생했다. 한국전쟁이 휴전으로 일단락된 뒤부터 창업 르네상스를 맞았다. 1953년 7월 종전과 함께 전후 복구와 국가 재건에 수많은 기업이 앞다투어 뛰어들었다. 그들 중 생존한 기업들이 10년 전부터 50년사를 발간해왔고 최근까지 발간을 준비하고 있다. 이들 중에는 이미 20년사, 혹은 30년사를 제작한 곳이 많다. 결국 어느 기업은 20년사 이후 30년사를 제작하기도 하고, 또 어느 기업은 30년사 이후 50년사를 만들기도 한다.

그럼 사사는 몇 년 주기로 발간하는 게 좋을까.

50주년을 맞아 첫 사사를 발간하기도 하지만 많은 기업들은 10년 주기로 사사를 발간한다. 사사에 각별한 의미를 부여하는 기업은 5년 주기로 발간한다. 10년 주기로 발간해오던 기업도 부침이 심하거나 눈부신 성장을 기록한 때는 5년만에도 사사를 편찬한다.

이 모두가 기업 형편에 달려 있다. 실적에 따라 10년 주기를 건너뛰기도 한다. 기업 실적이 나아져 뒤늦게 편찬하는 바람에 '나누기 좋은 수'에 구애 받지 않고 발간되기도 한다. 53년사나 42년사가 생기는 이유다. 물론 기업 형편과 무관하게 새로 취임한 최고경영자 지시로 편찬에 나서면 이런 희귀한 사사가 탄생한다.

우리는 '10년 주기로 내겠다', 혹은 '사반세기, 즉 25년 주기로 내겠다' 등 사전에 계획을 수립하면 좋으련만 그런 기업은 애당초 없다. 수많은 프로젝트가 이루어지는 기업 경영에서 그런 것을 체계화하기에는 역부족이다. 그러나 S기업처럼 50년사를 간행한 뒤, 무조건 10년마다 사사를 발간한다는 계획을 실천한 기업도 있다. S기업은 50년사 이후 60년사, 70년사, 80년사, 90년사를 10년 단위로 간행했다.

최선의 방법은 10년 단위로 발간하는 것이다. 특히 최근처럼 기업환경이 급변하는 상황을 고려하면 더더욱 그렇다. 모 기업 팀장은 이렇게 고백한다.

"20년 전 사사를 보고 깜짝 놀란 적이 있습니다. 지금 우리 회사가 하고 있는 주력사업은 그때에는 출발도 하지 않았더군요. 반대로 매각한 사업이 당시 가장 큰 주력이었습니다."

10년 단위로 발간하지 않았으면 또 다른 문제가 생기기도 한다. 어느 기업 담당자의 말이다.

"30년사 제작 이후 20년만에 50년사를 만들려니 정말 힘들었습니다. 기록이야 어떻게 찾을 수 있었으나 당시 핵심 담당이 모두 회사를 떠나 생생한 증언이나 사료를 취합하는 것이 불가능했습니다."

일본기업이나 독일기업들은 그런 이유로 설령 사사를 만들지 않더라도 10년마다 사료집을 만든다. 사료집에는 당시 핵심인력 인터뷰, 핵심 사료 등이 수록된다. 사사를 제작하는 프로세스와 똑같은 방법으로 자료를 취합, 분류한 후 영인본이나 디지털 매체로 보관하는 것이다.

결국 10년 단위로 사사를 간행하거나, 또는 사료를 모아두는 프로젝트는 필요하다는 인식을 갖는 것이 좋다.

간혹 이런 문의를 해오는 기업도 있다.

"40년사를 만드는 기업이 있는지도 궁금합니다. 40년사를 만드는 기업도 있습니까?"

그때 필자는 40년사를 만든 대표적인 기업들의 리스트를 보내주며 이렇게 말했다.

"40년사를 만드는 기업도 많습니다. 그것은 선택의 문제입니다. 다만 최근 경영환경이 너무나 급하게 변하니 사료수집은 해두시면 도움이 되실 겁니다."

그야말로 사사 발행의 시점 문제는 기업의 선택이다. 정답은 없다.

어디에
기점을 둘까

대부분 '창업'이나 '설립' 중 하나를 고른다. 창업은 인물을 기준으로 삼는다. 인물은 다름 아닌 창업주이다. 창업주가 처음 기업을 시작한 때가 '창업'이다. 기업을 기준으로 한 '설립'은 현재 주력사업을 기점으로 잡는다. 창업주가 생존해 있는 경우 '창업'을 따라야 안전하다.

A기업은 자전거 부품업으로 시작해 지금은 자동차 부품을 생산하는

글로벌 기업으로 성장했다. 이 기업은 '창업'에 기준을 두고 자전거 부품업에서부터 사사를 시작한다. 반면 B기업은 제과업으로 기업을 일으켰으나 현재 건설업이 주력이다. 시작점을 건설업으로 잡고 B기업의 창업을 기업 전사(前史)로 기술했다.

주년을 헤아리는 방법도 두 가지. 사람처럼 '햇수'가 아니라 '해를 꽉 채운' 상태가 압도적이지만 드물게 '햇수'를 적용하는 기업도 있다.

Tip! 한국기업, 외국기업의 발간 타이밍 차이

¤ 우리나라 나이 계산법은 독특하다. 1950년에 창업했으면 2000년에 50년사를 발간한다. 그러나 글로벌 기업들은 대개 2001년을 50주년으로 본다. 2000년에 창업했으면 2001년이 되어야 1년이 지났다고 보는 것이다. 만약 발간 타이밍을 놓쳤다면 이렇게 이듬해 발간하면서 50년사라고 써도 무방하다.

편찬 기간과 발간일

창립기념식을 기점으로 기간 산정

**수고로움 속에
완숙이 무르익는다**

사사 편찬 기간을 역순으로 계산한다. 인쇄 1개월, 디자인 3개월, 감수 및 수정 2개월, 집필 6개월, 자료수집 및 취재 6개월, 기획 2개월. 얼추 1년 6개월이고, 준비기간과 예비기간을 합치면 2년 가까이 걸린다.

여러 가지 조건에 따라 편찬 기간은 달라진다. 분량이 많거나 분권을 하거나 외국어판을 내면 기간이 늘어난다. 그룹은 계열사까지 취재 및 인터뷰가 이루어져야 하므로 시간이 많이 걸린다. 반대로 단일기업은 기간을 단축할 수 있다.

통사를 축약하고 임직원의 글이나 인터뷰를 싣는 기념집 형태는 1년 안에 발간이 가능하다. 원고만 작성하는 경우도 마찬가지. 2년이라는 기간은 통상적인 것이고 상황에 따라서는 6개월 안에도 끝낼 수 있다. 물론, 온갖 위험과 리스크를 감안해야 하지만. 어떤 상황이든 전문회사와 상의하면 대안을 제시해줄 것이다. 그 길은 다양하다. 작가를 2명 이상 투입하거나 기획자를 대거 동원해 인터뷰나 취재를 단시간에 끝내 시간을 절약한다.

성공 가능성은 제대로 된 기간 동안 작업하는 것보다는 줄어든다. 작가와 기획자를 대거 투입해도 시간에 쫓기다 보면 무리수가 따른다. 따라서 서둘러야 한다.

창립기념식,
사사를 봉정한다

대부분 기업은 기념사업의 하나로 사사 편찬을 추진해서 창립기념일에 발간한다. 사사 봉정식을 당일 행사 프로그램에 넣는다. 오너가(家)와 경영층, 그리고 수많은 직원이 이날 행사에 참석하기 때문에 발간효과가 최대치로 올라간다.

그러려면 사사를 창립기념일 한 달 전에는 발간해야 한다. 그 정도 여유가 있어야 제작물에 문제가 생겨도 응급처치를 할 수 있다. 사사는 행사 당일이 아니라 사전에 우편으로 배포한다. 제법 무게가 나가 들고 다니기 힘들다.

효과보다 역사적 가치를 높이는 쪽을 택하기도 한다. 창립기념일 행사를 담아서 발간한다. 행사 사진과 사장 축사를 권두의 컬러 페이지에 담고 본문에는 기념식 스케치 기사를 넣는다.

위 내용을 담을 페이지는 비워놓고 디자인과 최종 교정을 끝내놓는다. 기념식이 끝나기 무섭게 원고를 써서 디자인을 마무리해도 기념일부터 사사의 완성까지 2개월 정도 시간이 걸린다.

기념식 외에도 전시회, 강연회, 기념여행 등 다양한 기념사업을 담기도 한다. 특히 기념집을 만들 때 이 방식을 선호한다.

편찬 과정에서 발생한 실수나 기업 내부 문제로 발간이 연기될 때는 어정쩡한 시기를 피한다. 어차피 늦었다면 다음해 창립기념일에 맞춰 발간한다. 그래야 명분을 세울 수 있고 모양새도 산다.

마감일 기준의
다양한 사례

기업사 원고를 읽다 보면 흥미로운 점이 있다. 원고 시작 기점은 물론 원고 마감 시점도 제각각 다르다는 점이다. 예컨대 'J공단 30년사' 편찬 후기에는 이 사사를 출품해서 '우수사사대상'을 수상했다는 내용이 담겨 있다. 논리적으로 맞지 않다. 완간된 사사를 출품해서 상을 받았는데 그 내용이 실려 있다니 이상하지 않은가?

내용을 알고 보면 간단하다. 상을 받기 전, 500부를 인쇄했다가 수상 이후 500부를 다시 제작했다. 2판인 셈이다. 그렇다면 이 사사의 수록 범위는 창립 전사부터 사사 발간까지가 된다. 일반적으로 보면 기업들의 마감 시점은 창립 기념일로부터 약 3개월 이전까지다. 예컨대 50주년 기념식이 9월 30일이라면 6월 30일까지의 행사와 자료가 사사에 실리게 된다.

그러나 사사는 장기간 작업이다. 온갖 경우가 다 생긴다. 사사 발간 1주일 전에 회사의 명운을 가르는 중요한 M&A가 이루어진다면, 당연히 제작은 중단된다. 그 부분을 다시 채워 넣어 제작할 수밖에 없다. 그 사이에 일어난 다른 행사도 연표나 본문, 화보 중간에 삽입된다. 제작기간이 늘어나게 되면 자연히 창립 기념행사도 포함된다.

일부러 창립 기념행사 이후에 사사를 간행하기도 한다. 창립기념일에 새로운 비전을 선포하는 경우가 대표적이다. 주관부서는 비전 수립 작업이 이루어짐을 알고 있으므로 일부러 사사 제작을 늦추기도 한다.

예상치 못한 일 때문에 사사 제작이 큰 난관에 빠지는 경우도 있다. A그룹 80년사가 대표적이다. 애초에 이 회사는 80주년 행사 때 사사를 간행하기로 하고 제작에 임했다. 그런데 행사 당일 주관부서도 모르게 진행되던 일이 발생했다. 80주년을 맞아 새로운 CI를 선포한 것. 약 50억 원 이상을 투입한 CI가 발표되자 사사 편찬실은 큰 곤경에 빠졌다. 새로 촬영했던 모든 화보 사진에는 구 CI가 실려 있었다. 어쩔 수 없이 모든 사진을 다시 촬영할 수밖에 없었다.

일반적으로 발간일은 사사 프로젝트 킥오프 때 결정된다. 대개 세 가지 경우로 구분된다.

- 창립기념식 때 간행 : 행사 때 봉정식, 기념집 개념으로 간행
- 창립기념행사를 포함하여 간행 : 행사 사진을 수록, 온전한 의미로 제작
- 창립기념 해의 재무제표까지 수록 : 이듬해 2월 결산자료 분석 내용까지 포함

어떤 경우가 적합한지 회사 사정을 고려해서 결정하면 된다.

Tip! 사사 발행 주기의 사례

¤ 농심의 사례

구분	기간	발행연도	면수
(농심) 지와 정신 25년	1965~90	1991.11	477
(농심그룹) 농심 30년사	1965~95	1996.9	775
농심 40년사	1965~'05	2006.3	799
농심 50년사	1965~'15	2015.3	815

¤ 효성의 사례

구분	기간	발행연도	면수
동양나일론 10년사	1966~76	1976.12	637
동양나일론 25년사	1966~93	1993.11	770
동양나이론 30년사	1966~96	1996.11	774
효성 40년사	1966~2007	2007.6	806
효성 50년사	1966~2017	(제작중)	

¤ 포스코의 사례

구분	기간	발행연도	면수
포항제철7년사 – 일관제철소 건설 기록	1968~75	1975.1	967
포항제철10년사	1968~78	1979.12	337
포항제철850만톤준공사	1979~81	1981.8	465
포항제철20년사	1968~88	1989.12	1106
포항제철20년사 – 땀과 슬기와 정성	1968~88	1988.12	247
영일만에서 광양만까지 – 포항제철25년사(본문)	1968~93	1993.3	881
영일만에서 광양만까지 – 포항제철25년사(화보)	1968~93	1993.1	282
Korea's Posco Lights The Way Igniting Steel	1968~93	1993	
포항제철 30년 발자취	1968~98	1998.4	163
포스코35년사	1968~2003	2004.12	1063
포스코35년사(자료편)			163
포스코 50년사(제작 중)			

사내에 별도 공간을 확보한다

편찬실,
집필실과 별개

킥오프 미팅이 시작되면 편찬실 문제가 제기된다. 일각에서는 이런 불만도 터져 나온다.

"우리도 비좁은데 공간까지 내줘야 하나? 비용을 줬으니 작가들 집필은 알아서 해야 하는 거 아니야?"

편찬실과 집필실 사이에 등호를 그어 생기는 오해다. 편찬실은 집필실과 별개다. 편찬실 기능은 우선 자료의 정리와 보관이다. 산더미처럼 쌓이는 자료를 보관하고 분류해야 할 공간이 필요하다. '현업보다 중요한 중장기적인 업무'라는 사명감을 품고 있어야 올바른 자세를 견지할 수 있다.

사사 편찬이 시작되면 수집한 자료를 어디에 보관할 것인가가 현실적 문제가 된다. 담당자 책상 옆이나 총무팀 문서 보관실을 떠올리기 쉽지만 일상 업무자료와 뒤섞인다. 자료 정리를 하려면 일정한 공간이 필요하다. 정리된 자료를 효율적으로 보관할 서가도 있어야 한다. 편찬실은 정리뿐만 아니라 기획자나 작가가 자료를 열람할 수 있는 공간이다. 집필에 들어가기까지 수시로 열리는 회의와 인터뷰나 취재도 이곳에서 이뤄진다.

편찬 기간 동안 편찬실은 유지한다. 작가가 집필하면서도 수시로 자료를 확인할 수 있고, 집필 진도를 확인하기 쉽다. 그게 어렵다면 본목차가 나오기까지 최소한 6개월은 확보해 둔다. 집필 기간 동안 작가는 전문회사나 작가가 마련한 별도 장소에서 작업한다. 사료는 한 켠으로 이동시킨다.

편찬실을 정히 마련하기 힘들면 창고라도 활용한다. 단, 자료 유실을 막고 업무 편의를 돕기 위해 칸막이를 활용해 독자적인 공간을 확보한다. 시일이 촉박할수록 반드시 편찬실을 확보해야 한다. 작가를 상근시켜 작업에 박차를 가해야 한다.

인터뷰 장소,
어디가 좋을까

우리 기업들은 자료가 부족하다. 어느 기업이든 예외가 없다. 급격히 성장하는 마당에 기록을 남길 여유도, 인력을 투입할 여력도 없었다. 일본이나 서구의 기업들도 사정은 마찬가지다. 그들도 초창기 기록은 극히 드물다. 결국 당시 정황을 이해하는 방법은 그 시절에 근무했던 이들의 기억과 메모다. 당연히 인터뷰의 중요성이 커진다.

인터뷰는 쉽지 않다. 퇴직임원은 물론이고 현직 임원이나 사원들도 마찬가지다. 인터뷰 시간이나 장소 잡기가 까다롭다. 현업에 종사하는 임직원을 위해 직접 찾아간다. 그러나 인터뷰가 원활하게 진행되려면 편찬실이나 제3의 공간이 필요하다.

현업 직원의 책상이나 근처 회의실에서 인터뷰하면 집중하기가 힘들다. 인터뷰 중간중간 계속 사무를 봐야 한다. 제3의 장소나 편찬실에서 진행하면 인터뷰이들은 스스로 자료를 챙겨온다. 반면, 자신의 공간에서 인터뷰하면 준비를 잘 안 해오기 십상이다. 따라서 가급적 인터뷰 장소를 편찬실이나 제3의 공간으로 유도한다.

퇴직 임원들은 상황에 따라 다르다. 다른 회사에 취업했을 때는 제3의 공간이 좋다. 타사 사무실에서 전 직장 일을 논하기란 쉬운 일이 아니다. 물론 인터뷰이 상황이나 뜻을 따라야 하지만 가급적 외부로 나올 수 있도록 권유한다.

연로하신 분이라면 자택 방문을 권한다. 과거 일을 회고하다 보면 자연스럽게 앨범을 들추게 되고 뜻하지 않게 좋은 사진이나 자료가 발굴된다. A전자회사 사사를 만들 당시 전직 임원 앨범에서 초기 수출입 선적사진을 찾은 적이 있다. 처음으로 발견된 사진이었고 덕분에 초기 역사가 풍성해졌다는 평가를 받았다.

Tip! 편찬실의 준비사항

¤ 편찬실 집기는 책상과 의자는 기본이고, 작업할 수 있는 PC와 프린터, 그리고 복사기를 구비한다. 흔히 편찬실은 사무국 옆에 있어 생수나 음료를 같이 쓰기 쉽다. 타 사무실에 드나들기 불편해하는 작가나 기획자를 배려해 따로 구비하는 것이 좋다. 작은 배려가 그들의 정성으로 이어진다. 출입증 발급이나 주차권, 문구류, 구내 식당 이용 등을 사전에 준비해놓으면 순조롭게 바로 업무에 들어갈 수 있다.

사사 체제

본질을 가장 잘 살리는 체제 채택

읽히는
사사를 위한 체제

　　"사사는 가급적 두껍게 만들어야 합니다. 왜냐하면 베개 대용이니까요."

　사사와 관련된 농담 가운데 하나다. 발간하고 들춰보지 않게 되는 사사를 꼬집는 표현이다. 모바일이 대세를 이루면서 출판 시장이 얼어붙었다. 지하철에 독서인구가 사라진 지 오래다. 딱딱한 사사는 말할 나위가 없다. 자연히 사사를 새롭게 만드는 기업마다 '읽히는 사사'를 화두로 잡고 씨름을 한다.

　독자를 중견사원 이상으로 한정하면 회사의 역사를 확실히 전달하는 데 중점을 두어도 아무 문제가 없다. 그러나 사사 독자층은 임직원뿐만 아니라 재계, 동종업계 종사자, 학계, 언론계 등 생각보다 넓다. 이들 독자층에게 읽히려면, 우선 '활자 난독증'을 인정해야 한다.

　'읽히는 사사'를 위해서는 우선 사진을 많이 싣는다. 사진은 이미지를 전달하기에 적당하고 보는 눈에도 친숙해 쉬운 인상을 준다. 사진을 많이 사용해도 여전히 문장이 중심으로 된 통사와 오로지 사진을 중심으로 구성하는 화보집까지 여러 방법이 있다. 오롯이 사진만으로 된 사사는 사료로써 가치가 떨어진다. 그래서 글 중심의 사사와 화보 중심의 사사를 분리해서 두 권으로 구성하기도 한다.

외형도 표지를 하드커버 대신 부드러운 종이로 제본하고 케이스를 안 만들기도 한다. 책을 받은 사람이 편안한 기분을 갖고 펼치게 된다. 표지를 컬러로 표현하면 한층 효과적이다. 지나치게 가볍게 느껴져 품위가 떨어진다는 평가도 받는다. 그래서 기증이나 장기 보관용은 하드커버로, 일반 배포용은 종이로 제본하는 방법을 쓴다.

무엇보다 중요한 것은 착각을 버려야 한다는 점이다. 사진을 많이 싣고, 아무리 재미있게 써도 요즘 세상에는 재미있는 정보들이 넘쳐난다. 진정 '읽히는 사사'는 '재미있는 사사'가 아니라 '필요한 사사'라는 점이다.

스토리텔링 도입, 인물 중심 '이야기 사사'

눈을 기획으로 돌리면 기록 대신 '이야기'식으로 정리하는 방법도 있다. 어느 기업은 '딱딱한 이야기는 하고 싶지 않다'라는 이유로 인물 중심의 이야기로 풀어 단행본 판형의 사사를 냈다. 화보는 거의 없고 글이 주류를 이룬다. 소설같이 친숙한 문체가 특징이다.

정통 사사와 이야기 식 사사로 나누어 두 권으로 발간하는 경우도 심심찮게 있다. 이야기 식 사사는 온오프라인 서점에 깔거나 임직원 교육용으로 쓴다. 정통 사사에서 혁신 부분만을 뽑아 별권으로 간행하기도 한다. 혁신에는 일하는 방법이나 구조의 혁신과 품질 및 기술 혁신이 담긴다. 혁신은 일상이 되었기에 이 책은 사내는 물론, 사외에서도 관심을 끈다.

대담한 사사도 있다. 모 기업은 기업사를 만화로 풀었다. 누구나 쉽고 친숙하게 읽을 수 있다는 장점을 갖고 있다. 지나치게 가볍다는 인상 때문인지 전권을 만화로 표현하기보다는 일부를 게재하기도 한다. 문제는 이렇게 만들어도 보는 사람은 보고, 안 보는 사람은 절대 안 본다는 점이다. 지레 포기할 필요는 없지만 본질을 다시 되새겨 본다.

'읽기 쉬운 사사'에만 매몰되면 본질이 훼손된다. 기업사를 편찬하는 이유가 무엇인가, 우리만의 역사를 어떻게 풀어내는 게 가장 효과적인가 하는 의문을 항상 전제로 둬야 한다.

**학자들이 바라보는
사사 체제**

다소 장황할 수 있지만 기업사를 연구한 김동운 교수의 논문 중 일부를 살펴보자. 이 학자의 생각은 사사를 제작하는 실무자들에게 많은 점을 시사하기 때문이다.

(사사의) 한결 같은 점은 서술 내용이 어디에 근거하고 있는지 그 출처가 전혀 제시되지 않고 있다는 것이다.(중략) 이들 정보가 거짓일 것이라고는 상상할 수는 없다. 그러나 한국경제에서 큰 비중을 차지하고 있는 주요 그룹사의 성장사를 연구함에 있어 필수적인 영업 실적 관련 정보를 출처가 제시되지 않은 상태에서 그대로 이용하는 데는 한계와 위험이 따름에 틀림 없다. 출처도 없고, 주요 항목에 대한 보충설명도 덧붙여져 있지 않은 표에 신뢰는 절

대적일 수 없으며 이해도에도 문제가 있을 수 있다. (중략)

저자도 없고 출처도 없는 상태에서 어렵게 수집된 귀중한 회사 내부 정보는 산만하게 나열되기 일쑤이고 미화되는 경우가 많다. 그 산만한 정보는 두툼한 호화양장 속에 담겨 있으며, 책은 근사하고 속도 고급용지에 천연색 사진들이 즐비하다.

– 김동운, 한국 개별기업사 연구의 현황, 경제학연구 제44집 제4호, 167쪽

최고 경영자들이 자신이 몸담아 온 기업의 역사를 한 권의 책으로 정리하면서 다음 세기에 대비하는 각오를 하는 것은 올바른 역사의식에서 나온 바람직한 현상이다.

문제는 40년, 50년, 70년 동안에 이루어진 도전과 응전, 그중에서도 특히 어려웠던 상황의 원인이 무엇이었고 어떻게 대처했는지가 정확하고 냉철하게 분석되어졌는가 하는 점이다.

– 김동운, 같은 책, 158쪽

김동운 교수가 이 논문을 발표한 것은 한국경제학회 제7차 국제학술대회였다. 시기로 본다면 1996년 8월이다. 20여 년 훨씬 이전의 일이다. 그렇다면 지금은 이런 문제들이 개선된 것일까?

현재 시점에서도 이 문제는 여전하다. 자료의 정확성을 뒷받침할 근거는 여전히 사사에 수록되어 있지 않다. 위기가 다가왔다면, 그 원인이 무엇이고 어떻게 극복했는지 여전히 사사를 읽어도 알 수 없다. 지금도 그때와 마찬가지로 기록의 신빙성도 의심스럽다. 주장과 결론은 있되, 이유와 과정은 실종된 상태 그대로다.

지금도 학자들을 만나면 사사에 대한 부정적인 인식이 여전하다.

IBK경제연구소 소장을 역임한 바 있는 동학림 교수는 이렇게 말한다.

"사사를 가장 많이 읽고 분석하며 참고할 것 같은 독자는 기업과 경영을 연구하는 학자들입니다. 그러나 사사를 잘 보지는 않습니다. 물론, 인용하는 경우도 많지 않습니다. 사사는 자화자찬식이거나 자료 출처가 불분명하기 때문입니다."

김헌 교수는 이런 조언을 해준 적이 있다.

"스토리텔링도 좋고 사진을 많이 넣는 것도 좋은데, 사료를 정확하게, 그리고 인과관계가 명확하게 서술되는 것이 더 필요하지 않나 싶습니다."

'스토리텔링'이나 '읽히는 사사', '보는 사사' 다 좋다. 그러나 체제를 정할 때 반드시 다음과 같은 전제를 달아야 한다.

"사사는 기록이다. 정확한 사료를 기반으로 인과관계에 의해 서술한다."

다시 말하지만 기본에서 벗어나서는 안 된다는 사실이다.

Tip! 사사 체제 사례

¤ 1권 체제 : 화보/통사, 부문사/자료
¤ 2권 체제 : 1권(통사, 부문사/자료), 2권(화보)
¤ 3권 체제 : 1권(통사, 부분사/자료), 2권(화보), 3권(글로벌 진출사)
¤ 4권 체제 : 1권(통사, 부문사/자료), 2권(화보), 3권(글로벌 진출사),
　　　　　　4권 (혁신사, 또는 기술개발사)

사사 구성

본류는 통권 체제로 집약

화보·본문·자료
'기본'

　　　2권이든 3권이든, 또는 스토리텔링이든 기사본말체든 그 어떤 체제라도 본류는 통권으로 집약된다. 모든 체제는 통권에서 파생된다. 통권이 중심을 잡아야 다양한 구성으로 한 걸음 나갈 수 있다. 통권 구성은 크게 나누어 화보 · 본문 · 자료가 전형이다.

　　화보편에는 연혁화보, 현황화보, 이미지화보, 발간사, 축사 등이 들어간다.

　　본문은 통사라고 불리는 시계열(시간 흐름) 순으로 기술한 기업 역사와 대담이나 좌담회 등으로 구성된다. 그룹사나 협회사는 기업의 전체 역사를 아우르는 통사와 각 사업 부문의 역사를 담은 부문사로 나뉜다. 최근에는 새로운 시도가 늘었다. 부문사 대신 주제를 중심으로 역사를 풀어가는 테마사를 도입하는 방법이 대표적이다.

　　숫자와 그래프로 표현한 역사, 연표, 전임 대표이사 등은 자료편에 실린다.

　　별권을 만든다면 주요 테마만을 담는 것이 효과적이다. 인물사, 혁신사, 해외진출사 등이 대표적이다.

　구성은 사사 발행 의도에 따른다. 중심을 잃지 않고 가야지 의욕이 지나쳐 다양하게 많이 실으려고 하면 길을 잃는다. 사사를 펼친 독자가 발행 의도를 읽을 수 있으면 절반은 성공이다.

업종별 특성에
따른 구성

　　　　　그룹사는 다른 형태를 취하기도 한다. 그룹은 여러 업종과 사업이 혼재하기 때문이다. 시간의 흐름대로 통사를 쓰게 되면 뒤섞여 있는 각 업종의 성장이 한 눈에 잘 드러나지 않는다. 금융업, 의료업도 마찬가지다. 소개해야 할 요소가 다양하게 분산되어 있어 통사만으로는 부족하다. 이럴 때에는 별도의 부문사나 현황편을 따로 배치해서 독자의 이해를 돕는 것이 필요하다.

그룹사의 경우
- 통사 : 시대의 변화에 대응한 주요 경영의 흐름
- 부문 : 주요 사업군별 발달사

금융업의 경우
- 통사 : 시대의 변화에 대응한 주요 경영의 흐름
- 현황 : 현재의 주요 조직을 중심으로, 각 부문의 역할과 주요 사업

의료업의 경우

- 통사 : 연도별 주요 경영방침, 고객 서비스의 변화상
- 현황 : 현재의 주요 진료과목을 중심으로 특장점 기술

보다 상세한 역사 기술을 하기 위해 어떤 기업은 통사보다 부문사에 더 많은 비중을 둔다. 어떤 형태의 흐름이 우리 회사에 맞는지 많은 토론이 있어야 한다.

Tip! 사사 구성 사례

¤ 화보(연혁화보)/본문(통사)/자료

¤ 화보/본문(통사+부문사)/자료

¤ 화보(연혁화보+이미지 화보)/본문(통사+부문사+좌담회)/자료

¤ 화보/본문(통사)/테마사(인물사+혁신사)/자료

제작 사양

최적의 선택으로 가치를 높인다

보고 만지는 맛이
가치를 높인다

유명 식당은 요리뿐만 아니라 식기에도 각별한 신경을 쓴다. 요리는 보는 맛도 중요하다. 사사도 마찬가지. 아무리 콘텐츠가 훌륭해도 이를 담는 식기인 외형이 볼품없으면 사사의 가치가 떨어진다.

사사 외형은 제작 사양이라는 표현으로 확장된다. 제작 사양은 규격, 총 면수, 케이스, 표지, 지질, 제본, 인쇄도수 등 다양하다. 처음 기안할 때부터 아웃 풋 이미지를 최고경영층, 내부 구성원과 공유하면 발간에 도움이 된다.

제작 사양은 편찬 과정을 거치면서 수 차례 바뀐다. 초고가 나오면 전문회사에서 원고와 그동안 의견을 반영한 디자인 시안과 외형 샘플을 3종 이상 제안한다. 제작 사양에 따라 디자인이 달라지기 때문에 본격적으로 디자인이 들어가지 전까지는 사양을 확정해야 한다.

규격

사사는 주로 A4(297×210mm, 국배판) 판형이 많다. 세련된 이미지를 위해

가로나 세로를 늘리거나 줄이기도 한다.

사사는 전국 국공립도서관과 대학도서관에 배포된다. 책이 튀어나오거나 쑥 들어가면 규격화 되어 있는 도서관 서가에 꽂히지 않는다. 규격 사이즈인 A4판이 대세인 이유이다. 별권은 출판사들이 단행본 규격으로 즐겨 쓰는 A5(225×152mm, 신국판) 크기가 많다.

면수

지면 규모는 기업 상황에 따라 달라진다. 과거에는 400면 이상의 사사가 많았으나 2010년대 중반부터는 조금 다른 양상이다. 300면 이상으로 제작하되 별도의 축약사나 단행본 형태의 별권을 200면 규모로 만든다. 통사는 자료 보관용으로, 단행본이나 약사는 대량배포용으로 사용한다. 지면을 크게 줄이는 기업도 있다.

장정

통권 기준으로 책을 실로 묶는 양장제본이 가장 많다. 책이 잘 펼쳐지고 쪽이 떨어지지 않는다. 표지는 변형되지 않게 양장을 한다. 장기간 보관하기 편하고 품격이 높아진다. 10년 이상 보존해야 한다는 점을 고려한다.

케이스

케이스는 흔히 지함 또는 서함이라고 불린다. 외형의 변형을 막아 오랫동안 보관하는 역할을 한다. 1권 2책인 경우에는 필요하지만 1권 1책인 경우에는 굳이 제작할 필요가 없다. 특히 도서관에 보내면 즉시 케이스는 제거되고 각 권만 서가에 보관된다.

창업자 경영철학

사사는 창업정신에서 시작한다

창업자의 역사가
곧 기업사

사사의 90% 이상은 창업자로부터 시작된다. 다음과 같은 질문을 풀어가는 방식이다.

- 창업 당시의 대내외 상황은 어떠했는가?
- 창업의 동기와 이루고자 한 비전은 무엇인가?
- 가장 어려웠던 점은 무엇이며, 어떠한 방법으로 이러한 어려움을 해결했는가?
- 초기 제조에서 중요한 기술은 어떻게 확보했는가?
- 창업자가 구축한 또는 구축하고자 하는 조직(기업)문화는 어떤 것인가?

반드시 필요한 내용이라고 해도 지나치면 개인 전기가 되고 만다. 그래서 별도로 창업자 편을 넣기도 한다. 이쯤 되면 담당자는 닭살이 돋는다. 시작부터 '용비어천가'처럼 느껴진다. 자신이 알아서 기는 게 아닌가, 남들이 손가락질 하지 않을까 하는 걱정이 뒤따른다.

한 개인에 의해 세워진 기업은 거의 예외 없이 창업자의 초인적인 노력에 의해 발전해 왔다. 특히, 우리나라와 일본은 경영과 소유가 한 몸이라 창업자를 빼고 기업 역사를 서술하기는 힘들다. '창업자의 역사'와 '기업의 역사'라는 두 요소를 어떻게 풀어낼지 기획단계에서 결정해야 한다.

일반적인 사사에서 두 요소는 주어로 구분한다. '기업의 역사'는 주어가 기업명이고 '창업자의 역사'는 주어가 개인(창업자)이다. 같은 내용이라도 '회사는 공장을 증설했다'와 'OOO 회장은 공장을 증설하기로 결단했다'의 주어는 다르다.

작가가 선정되면 이 부분에 대해 면밀히 협의할 필요가 있다.

경영철학서,
홍보 및 교육용 활용

일반적인 '창업자의 역사'는 통사 앞부분에서 소화한다. 창업 전사(前史)에서 창업까지 창업자 관점에서 인물사가 시작된다. 그 후 기업 규모가 커지면서 주어는 자연스럽게 기업 이름으로 바뀐다. 국내 사사의 90% 정도가 이런 식이다.

창업자 스토리를 별도로 기술하기도 한다. 기업 전사(全史)를 인물의 스토리로 재구성하여 기술한다. 불굴의 의지로 기업을 일으킨 창업, 혁신과 도전으로 위기를 딛고 성장을 일군 스토리 등을 이야기 식으로 풀어간다.

아예 사사와 별도로 창업자 자서전을 펴내면 문제는 간단해진다. 최근에는 자서전 대신 경영철학서라는 이름으로 출간한다. 자서전은 시대순으로 작성되는 반면, 경영철학서는 창업자의 경영철학이라는 큰 틀 안에 일대기를 재해석하여 넣는다. 경영철학서는 홍보와 더불어 임직원 교육용으로 사용된다.

왜 모든 사사는
용비어천가일까

창업자 편에 대해서는 많은 이견이 있다. 그동안 받은 질문 가운데 가장 많은 것이 바로 이런 것들이다.

"창업자나 CEO 경영철학을 너무 강조하면 용비어천가 같지 않을까요?"

물론 맞는 말이다. 여차 하면 속 보이는 책이 되어버리고 만다. 어떻게 하면 그런 인상을 피할 수 있을까? 정말 어려운 난제가 바로 이것이다. 10여 년 전 일을 소개한다.

여러 기업 홍보팀 모임에서 사사가 화제가 된 적이 있었다. 당시 A장업회사 홍보팀 팀장은 여러 사람들 앞에서 호언장담했다.

"우리는 용비어천가 식의 사사는 만들지 않을 겁니다. 우리 회장님은 굉장히 겸손하십니다. 의도적으로 높이는 것을 좋아하지 않으십니다."

그때에는 상당히 신선하게 느껴졌다. 그러나 2년 후 발간된 해당 기업의 사사도 다를 바 없었다. 심지어 '선견경영'이란 희한한 용어까지 쓰면서 회장을 미화했다. IMF외환위기가 다가오기 전에 미리 그 상황을 예견하고 구조조정을 했다는 것이다. 나중에 해당 팀장을 만났을 때 웃으면서 용비어천가 이야기를 꺼내자 그는 도리어 반문했다.

"우리 회사에서 쓴 것은 사실이니 용비어천가가 아니지요. 실제로

CEO의 선견지명이 없었다면 우리는 큰 위기에 빠졌을 겁니다. 있는 사실을 그대로 썼는데, 그것도 용비어천가입니까?"

왜 모든 사사가 용비어천가가 될 수밖에 없는지 그 이유가 바로 이 지점에 있다. 사사를 만드는 기업은 모두 놀라울 정도로 성공을 거둔 기업들이다. 실패한 기업이 사사를 만들 수는 없는 법이다. 우리나라에서 기업이 활성화된 것은 1960년대 이후다. 불과 반세기만에 수백 억, 수천 억, 수조 원의 매출을 거두게 된 회사 성장기는 모두가 신화이자 놀라운 성공의 역사다.

수많은 성공요인 가운데 최우선은 바로 기업을 이끈 CEO의 몫이다. 그것마저 부인할 수는 없다. 그래서 있는 역사를 그대로 써도 용비어천가가 된 이유다. 어찌 보면 사사는 바로 그러한 자랑스러운 기록을 남기고 싶어하는 마음에 있다. 대다수 기업들이 사사를 발간하는 목적 가운데 하나는 바로 '임직원의 자긍심 고취'이다. 우리의 성공은 신화적임을 대내외에 알리고 싶어 하는 것은 인지상정이다.

최종 감수자이자 이 책의 주연인 CEO의 입장도 헤아릴 필요가 있다.

사사를 제작하고
헌정하는 이유

"사사를 읽는 독자층은 누구일까요?"

2016년 가을, 국내 최고의 IT기업 홍보 담당자를 만났을 때, 사사의 독자에 대해 말한 적이 있다.

"외부에서는 기자, 학자, 정책 담당자, 이 회사에 입사하고 싶어 하는 청년들이 있겠고, 내부적으로는 임직원들 아닐까요?"

그러자 그는 빙긋 웃다가 말했다.

"다른 회사는 그럴 수도 있겠습니다만, 우리는 아닙니다. 딱 한 사람만 만족시키면 됩니다. 바로 회장님입니다. 나머지는 읽든 말든 상관없습니다."

수많은 기업들을 만나 사사를 기획하고, 집필했지만 그처럼 대놓고 말해준 기업은 처음이었다. 그때의 경험을 많은 홍보팀 직원들에게 말하자 대개가 수긍하는 분위기였다.

'용비어천가' 식의 사사를 추구하는 기업은 애당초 없다. 그러나 있는 사실을 그대로 기록해도 '용비어천가'로 인식되는 것은 어쩌면 우리나라 기업의 신화적인 발전상을 보면 수긍이 간다. 이제는 인식 자체를 이렇게 바꿔보면 어떨까?

사사는 임직원 모두의 헌신에 대한 헌정의 의미를 담고 있다고.

왜 사사에는
실패의 기록이 없을까

"우리 회사는 역사적 사실을 그대로 기록하고자 합니다. 성공의 역사는 물론, 실패사도 그대로 남겨 임직원에게 교훈이 되었으면 합니다."

2000년대 중반, 사사 프로젝트가 시작되자 최고경영자가 간담회 자리에서 이렇게 말했다. 이전까지는 없던 요청이었다. 매우 의미 있는 시도라고 생각했다. 실패의 기록을 정리한 사사는 거의 없었기 때문이다.

실패사를 정리하는 일은 실패로 귀결되었다. 무엇이 실패인지에 대한 정의조차 쉽지 않았다. 지금은 부진에 빠져 있지만 향후 가능성을 보아야 하는 사업, 실패할 것이 뻔하지만 경험을 쌓기 위해 일부러 시작한 사업 등을 실패로 보아야 할까?

결국 시장에서 철수한 사업을 대상으로 하기로 정리했다. 이후에도 난항이 이어졌다. 증언자를 찾을 수도 없고 보존된 기록이 드물었다. 성공한 프로젝트 자료도 남아있지 않은 터에 실패한 사업 자료가 남아 있을 리가 없었다. 가까스로 해당 담당자를 만났지만 실패 프로젝트에 대해서는 끝내 입을 다물었다.

사사를 기획하고 구상할 때 참고 삼아야 하는 부분들이다.

현 시점의 이해와 요구로 재구성

발간 주년에 따라
재구성

10년 전에 사사를 발간한 회사는 새로운 고민에 빠져든다. 예컨대 50년사를 기획하고 있다면, 40년사에 실렸던 내용을 어떻게 해야 할 지 걱정이다. 40년 역사와 새로운 10년 역사를 어떻게 다룰까 하는 점이다. 기존에 다루었던 역사는 세 가지로 정리할 수 있다. 요약하거나 재구성하거나 압축하는 방법이다.

요약과 압축의 차이

요약과 압축의 차이를 묻는 사람들이 있다. 사전적인 정의는 다음과 같다.

• 요약 : [명사] 말이나 글의 요점을 잡아서 간추림
• 압축 : [명사] 문장 따위를 줄여 짧게 함

요약과 압축은 사전적인 의미에서도 다르게 사용되는데, 사사에서는 특히 그렇다. 앞선 뜻풀이처럼 요약은 요점만 기술하는 것이다. 과거 20년 역사를 요약한다면, 약 10~20개 정도의 핵심사건만 흐름대로 기술하는 방법이 바로 요약이다.

압축은 요약과는 다르다. 내용을 있는 그대로 전체를 다 수록하되 분량을 줄이는 방법이다. 모든 사건이 다 들어가지만 분량을 줄이다 보니 사건의 원인이나 배경은 사라지고 결론만 남게 된다.

요약의 장점은 핵심만 기술하므로 흐름을 금방 파악할 수 있다는 점이다. 반면 사사임에도 너무 많은 사건들이 빠지게 된다는 부담감이 있다. 압축의 장점은 거의 모든 사건을 빠짐없이 다룬다는 점이다. 대신 수박 겉핥기 식으로 다루어진다는 단점도 분명히 있다.

전문작가가 선정되면 과거 역사를 어떻게 줄이고, 어떻게 해석할지 심도 깊은 토론이 필요하다.

세 가지 틀

우선 요약하는 방법을 살펴보자. 역사는 현재 시각으로 재구성된다. 당시에는 대단한 사업이라고 보고 크게 다룰 수 있으나 현재에 와서는 유명무실한 사업으로 전락했다면 언급을 하는 정도로 줄인다. 반대로 보잘것없었던 사업이었는데 시대의 흐름을 타고 활황을 거듭하고 있다면 크게 다뤄줄 필요가 있다. 결국 현재의 시각으로 과감하게 줄일 내용은 줄이거나 없애고, 키울 내용은 키우는 '선택과 집중'이 필요하다. 최고경영자가 자부심을 느끼거나 치적으로 평가 받는 부분을 삭제해서는 곤란하다.

새로운 시각으로 재구성하는 방법도 있다. 전체 연표를 살펴 현재 시각으로 시대를 다시 구분하고 목차를 짜야 의미 있는 통사가 탄생한다.

드물기는 하지만 이전 역사는 연표에 살을 붙이는 정도로 축약하기도 한다. 25년사, 35년사 등 5년 단위에 발간하는 사사에 자주 적용된다. 5년 단위 때는 전체 분량을 적게 잡아 새롭게 다룰 5년 역사에 집중한다.

이전 역사를 아예 언급하지 않는 사사는 보기 힘들다. 어떤 형태로든 이전 역사가 다뤄져야 그 후 역사를 이해할 수 있다.

발행 부수와 배포처

10년 쓸 생각으로 넉넉하게

부수를 결정짓는 요인은
배포 범위

발행 부수는 배포 부수와 보유분(보관본)을 합치면 나온다. 그러나 부수 정하는 일은 생각만큼 간단하지는 않다. 누구에게 보내야 할지, 어떤 방법을 써야 할지 막막하다. 대부분 타사 사례를 참고한다.

각 회사의 상황은 다르다. 전 직원에게 1권씩 제공하기도 하고, 어떤 경우에는 외부 배포만 한다. 외부를 대상으로 할 때에도 도서관, 언론사만 보내는 기업도 있고, 관공서와 4년제 대학 도서관, 관련업계 등 다방면으로 보내는 기업도 많다.

일반적으로 우리 회사와 관계를 맺고 있는 단체를 우선 배정한다. 동종업계, 주요 거래처, 경제단체, 유관 관공서 및 공익단체 등이 이에 해당한다. 그 다음은 우리 회사에 사사를 기증한 기업을 챙긴다.

사사를 필요로 하는 곳도 범위에 넣는다. 주요 언론사 자료실 및 유관 부서 데스크, 그리고 출입기자에게 배포한다. 전국 국공립 도서관과 대학도서관도 반드시 배포 리스트에 넣는다. 도서관에 배포하는 분량이 생각 이상으로 많다. 어림잡아 1,000권 이상은 확보해야 한다. 일반적인 배포 리스트는 전문회사에서 보유하고 있으므로 상세한 자문을 받을 수 있다. 사내 배포는 주요 주주, 경영진, 관리 직원, 생산 직원, 퇴직자를 대상으로 적절한 배포 기준을 마련한다. 주요 주주와 경영진에게는 1인 1권을, 부서별로 1권을 배정한다.

보유분,
넉넉하게 남긴다

시간이 지날수록 도서관을 제외하면 사내외 배포분이 많이 유실된다. 업무적으로 사사를 볼 일이 생기거나, 새로운 거래처에 전달하려고 직원들도 사사를 요청한다. 경영진에서 찾기도 한다. 지인이 방문하면 자랑스럽게 꺼내 놓는 것이 사사다. 사외에서도 대학교수 등 경영사 연구자들이 배포를 요청해온다.

이를 간과하고 소량만 보유하면 뒷감당이 힘들다. 재인쇄는 번거롭다. 보유분은 다음 사사가 나오기까지 10년 동안 활용할 요량으로 영구 보존용까지 넉넉하게 확보한다.

기획 단계에서는 배포 리스트를 확정하고 제작 수량을 결정한다. 그에 따라 제작 비용도 나온다. 이것은 '누가 읽어서 좋은 사사인가'를 명확히 하는 길이다.

Tip! 전국의 주요 기관 수

¤ 기관이나 언론사 수, 국공립 도서관 수는 계속 변한다. 2010년부터 2016년 사이의 주요 기관 수를 평균 잡으면 다음과 같다.
- 국공립 도서관 : 145곳
- 주요지방 행정기관 : 82곳
- 대학 도서관 : 279곳
- 국내외 주요 언론기관 : 148곳
- 주요 중앙 행정기관 : 50곳

디지털 사사

모바일, 새로운 세상이 열리다

사사의
또 다른 영역

　　2000년대 이후 정보통신의 발달은 인터넷 세상을 열었다. 얼마 지나지 않아 주무대는 모바일로 바뀌었다. 그동안 사무실과 상점에서 이루어지던 수많은 일들이 온라인을 통해 대중화되고 있다.

　사사 역시 시대의 흐름을 타고 디지털 시대를 열었다. 대부분 기업 홈페이지에 기업 개요와 연혁이 1, 2 페이지에 실려 있다. 어렴풋하게 기업의 윤곽이 잡힐 정도일 뿐 역사와는 거리가 멀다.

　홈페이지 '역사관'이 디지털 사사의 초기형태다. 회사의 역사를 연도순으로 연표와 사진으로 구성한 모습이다. 기업의 역사적 맥락을 잡기는 힘들지만 연혁만큼은 확실하게 눈에 들어와 취업을 준비하는 대학생이나, 거래를 검토하는 타 기업에게는 유익한 자료가 되고 있다.

　본격적인 디지털 사사는 기존 홈페이지에 종이 사사 콘텐츠를 연결시켜 첫 막을 올렸다. 종이 사사를 만들면서 레이아웃을 잡은 디자인 데이터를 PDF 파일로 변환해 홈페이지에 첨부시킨 형태였다. 종이 사사와 똑같은 상태를 온라인에서 볼 수 있도록 구성한 것이다. 목차를 두고 원하는 부분을 클릭하면 해당 페이지로 이동하고, 검색기능을 넣어 편의성을 살렸다.

그 외에도 비슷한 내용을 CD나 DVD에 담아 배포했다. CD 혹은 DVD롬 사사에 PDF 파일을 담았고, 앞뒤로 이미지와 영상을 가미한 형태였다. 처음에는 PDF를 담는 형식이었으나 시간이 지나면서 e-book으로 변했다. 2010년대 이후에는 USB가 CD나 DVD를 대체했다. 2017년 현재, 사사를 CD나 DVD, 혹은 USB에 담는 기업은 거의 없다.

모바일 시대가 도래했다.

디지털 사사의
대표적인 장점

디지털 사사의 대표적인 장점은 다음과 같다.

- 책에 담을 수 있는 정보는 유한하지만 디지털에 담을 수 있는 정보는 무한하다.
- 반드시 도서관에 가서 찾아볼 필요가 없다.
- 대량 배포가 가능하다.
- 젊은 세대에게 어필하기 쉽다.

분명 장점이 많지만 성공한 사례는 단 한 건도 없었다고 보아도 무방하다. 앞서 언급했듯 책에 실리는 콘텐츠를 그대로 디지털 매체로 옮겨놓았기 때문이다. 디지털 매체에 담고자 한다면 디지털 매체에 걸맞는 콘텐츠를 새로 만들어야 한다. 다시 말하자면 제2의 사사 프로젝트, 즉 별도로 관리해야 하는 프로젝트라는 사실이다. 지금까지는 그러지 못했다.

대표적인 사례 몇 가지만 살펴보아도 금세 알 수 있다.

• 2013 A SI기업 20년사 : PDF 혹은 뷰어 프로그램을 통해 다운로드하여 보는 방식
• 2014 B 통신기업 30년사 : 실행파일 다운 구조. 페이지 나열식에서 벗어나 멀티미디어 콘텐츠 기반
• 2015 C 무역회사 50년사 : 웹페이지로 직접 보는 방식
• 2016 D 화학회사 40년사 : 최신 트렌드를 반영한 반응형 웹으로 구성

이들 사례 중 B 통신기업 30년사는 책자를 발행하지 않았다. 즉 종이 사사 없이 온전히 디지털 사사로만 제작했다. 나머지는 모두 책자와 연동되는 형식이었다. 결론적으로 말하면 이들 디지털 사사는 모두 실패했다는 평이 지배적이다. A, B기업의 경우에는 실행파일을 다운받아야 한다는 것이 결정적인 약점이었다. 아무리 재미있어도 별도의 실행파일을 다운 받아야 한다면 망설이게 된다. 하물며 개별 기업사를 다운받아볼 사람이 몇이나 되겠는가?

C, D사도 마찬가지다. 다운 받지 않아도 되는 웹으로 개발을 했지만 내용이 너무 빈약하거나, 책자를 그대로 옮겨온 형태다. 담는 그릇만 디지털인데, 누가 휴대폰으로 어려운 사사를 읽겠는가?

변신에
변신을 거듭

	디지털 사사는 ITC(Information & Communication Technology)기술 및 기기의 발달과 함께 새로운 모습으로 탈바꿈하는 중이다. 모바일이 대세를 이루면서 모바일 앱 형태의 디지털 사사도 시도되고 있다.

	일명 앱 사사는 기존 디지털 사사와는 다르다. 통사와 많은 정보는 종이 사사에게 맡기고, 앱 특성을 살리는 방향이다. 쉽고 간편하게 한눈에 볼 수 있는 앱 사사는 아직까지 미개척지다. 어떻게 땅을 일구느냐에 따라 다양하고 풍성한 결실을 맺을 수 있다. 사진과 영상 이미지를 활용하거나 스토리텔링을 넣은 간단한 이야기 등 다각적인 구상이 필요하다. 그러나 앱 자체가 게임 등에 한정되어 다운받는 추세여서 앱 사사 대신 웹 사사쪽으로 무게 중심이 기울고 있다.

	디지털 사사의 미래가 어떻게 바뀔지 모른다. ITC의 미래는 상상 이상이다. 그 저간에는 종이 사사가 자리잡고 있다. 콘텐츠 없이 구현한 디지털 사사는 빈 상자에 불과하다. 종이 사사를 만들기 위한 과정이 선행되어야 한다. 거기에서 얻은 내용을 모바일에서 구현하기 좋게 다시 재구성해야 한다.

	여전히 디지털 사사가 미개척지인 것은 사실이지만, 어떤 콘텐츠가 합당한지 우리 회사 관점에서 살펴야 한다.

디지털 사사의 장점을
살릴 수 있는 기능

지금까지의 디지털 사사는 철저히 아카이빙 기능을 강화시키는 방향으로 발전했다. 그러나 이것이 진정한 디지털 사사라고 볼 수는 없다. 이것은 마치 남극지방에 물류창고를 지어 놓은 것과 다를 바 없다. 드넓은 남극대륙을 다 물류로 채워놓는다 한들, 가져다 쓸 수 없다면 무슨 의미가 있겠는가?

진정한 디지털 사사는 결국, 소통이 핵심이다. 책자의 기능과는 다른 디지털 매체의 장점을 살려 완전히 다른 역사적 개념의 매체로 개선되어야 한다. 즉 아카이빙 기능을 갖는 디지털 저장소, 거기에 이를 꺼내어 활용할 수 있는 반응형 웹의 모습이 현재까지의 디지털 사사 중 가장 바람직한 모습이 아닐까 생각된다.

물론, 얼마 지나지 않아 더 우수한 디지털 사사가 나오겠지만.

왜 디지털 사사만 만드는
기업은 드문 것일까

앞서 언급한 것처럼 지금까지 종이 사사를 간행하지 않고 디지털 사사만 만든 기업은 많아야 세 기업 이내이다. 참 특이한 현상이다. 이미 사내보 경우에는 종이사보를 폐간하고 디지털 사보만 내는 기업들이 부지기수인데 왜 사사는 그렇지 않은 것일까?

앞서 언급한 B 통신기업 30년사 사례를 보면 알 수 있다. B 통신기업이 디지털 30년사를 제작하는 데 소요한 비용은 약 1억 5,000만 원이었다고 한다. 웹사이트 구축이나 설계 비용은 얼마 들지 않았으나 원고 작성과 사진촬영 등 종이 사사 제작과 동일한 프로세스를 거쳐야 했기 때문이다. 그러나 지금 B 통신기업의 디지털 30년사는 어디에서도 찾아볼 수 없다. 본 사람도 거의 없을 뿐 아니라 아카이빙 기능 측면에서도 완벽하게 실패한 셈이다.

책으로 남기기라도 했다면 전국 국공립 도서관 어디든 남아 있을 텐데 그렇지도 못하다. 결국 창립기념 행사 이벤트로도 활용하지 못했고, 아카이빙 기능도 다하지 못했으며, 활용도 되지 않는 사사가 되어 버린 것이다.

디지털 사사는 분명히 고민해야 할 부분이기는 하다. 그러나 디지털 사사라는 매체 특성에 매몰된다면 '우리가 왜 사사를 만드는지', '사사의 기본이 무엇인지' 방향성을 잃게 될 수 있다. 그 점은 반드시 유의해서 기획하고 진행해야 한다.

간혹 가격을 절감하기 위해 디지털 사사를 기획한다는 사람들도 있다. 종이 사사나 디지털 사사나 가격 차이는 없다. 사사 제작비의 태반은 집필, 인터뷰 진행, 촬영, 자료수집, 디자인 비용이다. 디지털 사사만 만들어도 똑같이 거쳐야 하는 과정이다. 이렇게 만든 콘텐츠를 종이에 인쇄하느냐, 웹페이지로 만드느냐의 차이 뿐이다. 그리고 그 가격은 거의 같다고 보면 된다.

Tip! 반응형 웹 사사의 장점

- 모바일 환경에 최적화 : PC, 태블릿, 모바일폰 등에 손쉽게 연동
- 편리한 공유 및 소통 : 디지털 아카이브를 비롯한 참여와 소통 코너
- 손쉬운 관리 및 유지 보수 : 외부 전문가 없이 누구든 손쉽게
  업데이트 및 유지보수 가능
- 다양한 멀티미디어 기능 : 웹툰, 동영상, 카드뉴스 등 멀티미디어 기능

네 가지 포인트를 기억하라

중요 사안은
경영진 보고 '필수'

　　사사 편찬은 장기 프로젝트로 보통 1년 이상이 소요된다. 길게는 2년 이상이 걸리기도 하고, 출발이 늦었을 때는 6개월만에 끝나기도 한다. 기간이 길기 때문에 일정도 다양하고 복잡하다.

　대략 짚어보면, 1년 6개월을 기준으로 초기에 내부적으로 검토를 마치고 전문기업을 선정하기까지 2~3개월 정도 걸린다. 그 뒤로 자료 조사 4개월, 집필 6개월(감수 포함), 디자인 3개월, 인쇄 1개월, 검수 및 배포 1개월이 소요된다. 지난한 과정이다.

　팀장이나 임원이 있지만 담당자 역할이 가장 중요하다. 담당자가 중심을 잡지 못하면 사사는 산으로 간다. 명확한 방향, 실질적인 편찬 총괄, 내용 확인, 경영진 확인, 이 네 가지 포인트를 중심 추로 삼아 편찬 작업을 진행하면 담당자는 웃는 얼굴로 사사를 펼칠 수 있다.

명확한 방향성

　발간 목적을 시작으로 기본 방침, 그것을 구체화한 편집 방침을 명확하게 하여 담당자는 작업 방향을 설정한다. 이를 사사 편찬과 관련된 인력−사무국, 전문회사, 작가 등에게 수시로 설명한다.

실질적인 편찬 총괄

담당자는 자신의 일에만 매몰되면 안 된다. 편찬 관련 인력들이 작업을 진행할 수 있는 환경을 만들어야 한다. 이를 위해 항상 다른 사람의 작업을 시야에 두고서 자기 일을 해야 한다.

내용 확인

기초 자료가 확실해야 좋은 원고가 나온다. 담당자는 연표 등 기초자료의 사실관계를 확인하는 습관을 들인다. 이 작업이 느슨하면 원고 집필 도중 다시 자료 수집 단계로 돌아가는 오류를 범하게 된다. 분초를 다투는 집필 단계에서 시간을 허비하면 발간일이 늦춰질 수 있다.

경영진 확인

편찬하는 동안 중요한 포인트에서는 경영진의 확인을 반드시 거친다. 거대한 조직이라면 담당자나 사무국의 판단, 임원의 판단, 최고경영자의 판단이 제각기 틀려 방침이 변경되는 경우가 있다. 공정이 진행된 후에 방침을 변경하면 비용 상승을 가져온다. 가목차, 원고, 디자인 견본 등 중요한 포인트에서는 최고경영자까지 보고한다.

Tip! 사사 프로세스 및 소요 일정

- 간행결정 (1월)
- 실무진 임명 (1~2월)
- 편찬위원회 구성 (2월)
- 기본방침 결정(임원 승인) (3~4월)
- 사무국(편집위원회) 설치 (5월)
- 편집방침 결정(임원 승인) (5월)
- 자료수집방침의 확정 (5월)
- 기초 연표의 작성 (6월)
- 자료수집(담당자 주변) (7~8월)
- 연표대장의 수정 (8월)
- 제2회 자료수집(사내 각 부서,OB,사외) (9월)
- 제3회 자료수집(보충) (10월)
- 작가 자료강독 (10~11월)
- 취재방침 결정 (11월)
- 취재,인터뷰 (12~14월)
- 가목차 작성 (15월)
- 가목차 체크(임원 승인) (15월)
- 샘플원고 체크 (15월)
- 제1차 원고집필 (16~18월)
- 제1차 원고검토 (17~18월)
- 제2차 원고집필(수정) (19월)
- 제2차 원고검토(임원 승인) (20월)
- 원고정리 (20월)
- 표기통일 (20월)
- 디자인 마감 (20월)
- 초교 (21월)
- 재교 (22월)

- 인쇄판,색 교정(임원 승인) (23월)
- 인쇄 제본 (24월)
- 완성
- 배포
- 자료정리, 파일링 등

톱니처럼 맞물려 돈다

순서대로 진행하면
'걱정 끝'

편찬 일정을 업무별로 나누어보면 굵직하게 분류해도 주요 업무가 열한 가지나 된다. 화보, 자료, 연표 등 업무까지 상세하게 기록하면 업무량이 얼마나 많은지 짐작할 수 있다.

업무량이 차고 넘치는 까닭에 관련자의 힘을 총동원해서 요령 있게 풀어가야 한다. 담당자는 코디네이터로서 역량을 발휘해야 한다. 만약 일이 안 풀리거나 순서가 꼬이면 능률이 떨어진다. 심하면 수습이 곤란한 지경에 이르게 된다.

담당자는 전문회사의 경험과 일손을 빌린다. 사사는 발행자의 책이므로 기본적인 방향성, 결재, 사내 자료수집 등은 외부 사람이 할 수 없다. 그 이외는 대부분 대행이 가능하다.

주요 업무
기획입안

• 리서치 및 기본방침, 편집방침 결정(검토용 자료, 기획안 제출)

- 5W+1H의 검토 및 결정

  (비용, 일정, 사내담당자 선정, 외부 전문회사 결정, 편찬사무국 설치)

정보 및 사진 등 자료 수집 및 정리

- 수집계획입안, 사내외에서 수집작업(수집계획안 작성)
- 정보, 자료의 수집 및 정리(정리 결과 체크)
- 사료 추가 수집

내용구성 확정

- 사사 전체 내용구성안 작성, 검토 및 결재
- 본문 가목차 작성, 검토 및 결재

취재, 집필

- 인터뷰 대상자 선정, 취재, 원고작성

원고 검토 및 수정

- 자료와 대조
- 사실관계 및 기술내용의 누락 확인
- 오탈자, 통일성 점검
- 위원회 감수 및 결재
- 원고 수정

사진촬영

- 촬영 일정 조율, 사진 촬영

• 미보유 과거 사진 대여

자료편 구성 결정, 자료편 원고작성

• 구성안 검토 및 결재, 자료, 연표 작성, 원고체크(구성안 작성)

편집 · 레이아웃

• 디자인, 레이아웃 시안 작성 및 승인

• 원고 재확인(오자, 용어 통일)

• 사진 캡션 확인

교정

• 교정확인, 수정지시 및 최종결재

인쇄 및 제본

• 발송준비 및 제작

• 검수

완성

• 발송업무 및 자료보관

철저한 관리가 발간일을 지킨다

**반드시 일정을 지키려는
공감대 형성**

일정은 지킬 수 있는 범위 안에서 짠다. 의욕이 앞서 무리수를 두면 나중에 후회한다. 사내 여건 때문에 무리를 두기도 한다. 이때는 시간단축 방안을 먼저 고민하고 그 대안을 미리 생각한다.

인력만 믿고 일정을 밀어붙여서도 안 된다. 밥을 할 때 화력이 강해도 뜸 들이는 과정을 거쳐야 하듯이 인력을 많이 투입해도 사사를 편찬하려면 일정 정도 시간이 든다.

일정이 확정되면 편찬 관계자들 사이에 당초 계획을 지킨다는 공감대가 형성되어야 한다. 일정이 지연되면 방치하지 말고 절차를 밟아 원래 일정 안으로 끌어들인다.

사사는 업무 특성상 자료수집 단계부터 일정이 지연되기 쉽다. 편찬 사무국과는 별도로 각 부서, 공장 및 사업소에 협력위원을 두고 자료수집 업무를 지원하게 한다. 최고경영자 명의로 공식 업무로 인정 받아야 능동적인 협력을 받을 수 있다. 협력위원에게 자료수집을 요청할 때는 대상이 무엇인지 명확하게 명시한 문서로 전달한다. '무엇을 수집할까',

'어디를 조사할까'가 명확하지 않으면 협력위원은 어쩔 줄 몰라 손을 놓게 된다.

　자료수집은 일정과 정확성이 생명이다. 일정을 우선한 나머지 '정확하게는 모르지만 우선 어떤 일이 있었다'라는 상태로 넘어가면 '검증해야 할 정보'가 '확인된 정보'로 둔갑한다. 이 정보는 주머니 속 송곳이 되어 나중에 제 살을 찌른다. 담당자는 수집된 정보를 꼼꼼히 살펴야 한다.

집필,
세심한 배려와 관리 '필수'

　　　　다음은 원고 작성이다. 일정상 가장 어려움을 겪을 수 있는 부분이 바로 집필이다. 작가들은 기본적으로 납기 개념이 떨어지는 편이다. 대개 '글만 좋으면 시간이 좀 지난들 무슨 상관인가'라는 인식이 바탕에 깔려 있다. 그렇지 않은 작가도 있지만 원고 작성이 지연되어 애먹는 일이 심심치 않게 일어난다.

　여러 사례를 보면 사사가 제때 발간되지 못하는 원인의 90%는 집필에 있다. 우선 담당자는 작가가 집필할 수 있는 환경 조성에 힘쓴다. 원고를 마무리 짓기까지 기다리기만 해서는 안 된다. 격주나 월 단위로 목표를 정해놓고 진행 상태를 확인한다.

　초고에 대한 사내 감수도 일정을 어기게 되는 변수다. 아무리 일찍 원고를 마쳐도 검수본은 최고경영자나 임원 책상에 놓여있을 뿐이다. 최고경영자나 임원들에게 서둘러 달라고 독촉하는 것도 불가능하므로 애초부터 감수 기간을 넉넉하게 확보한다. 보고할 때, 기간을 명확하게 말하거나 초고 표지에 마감일을 명시한다.

기업에는 관례와 이해 관계라는 게 있다. 사사 편찬을 진행하다 보면 관례에 부딪혀 진도를 못 나가고 제자리를 맴돌기도 한다. 담당자는 좌우상하와의 우호적인 관계를 유지해 어려운 상황을 풀어나간다. 자기 선에서 해결이 어렵다는 판단이 서면 신속하게 보고해 팀장이나 임원이 나서게 한다.

전사 차원의 협조를 얻으려면 최고경영자의 관심만한 게 없다. 가장 좋은 압박수단이기도 하다. 사보나 사내 인트라넷을 통해 임직원에게 최고경영자의 의지를 노출시킨다. 최고경영자가 참석한 편찬보고회나 최고경영자의 인터뷰 장면을 보여준다.

충분한 보고만이 살길

**중요 포인트는
모두 보고**

　　"사장님 한 마디에 다 엎어졌다고 합니다. 이 상태로 홀딩하는 것으로 결정되었습니다."

　흔치는 않지만 종종 생기는 일들이다. A그룹은 집필을 마친 상태에서 중단되었고, B기업에서 발간한 사사는 빛을 보지 못한 채 창고에서 먼지를 뒤집어쓰고 있다. 이 지경까지 몰리면 담당자 입장이 궁색해진다.

　왜 이런 일이 벌어졌을까. 최고경영자 또는 최고경영자에게 일임을 받은 편찬위원장과의 충분한 커뮤니케이션 즉, 보고가 없었기 때문이다. 많은 담당자들은 이런 생각을 하기가 쉽다.

　'기안문서로만 올리면 이해 못 하실 것이다. 원고와 함께 올려야지.'

　이런 생각을 하는 순간 위험한 상황에 처한다. 원고가 완성되면 디자인까지 해서 보고하는 것으로, 심지어 인쇄본까지 제작해서 보고하는 것으로 바뀌게 된다. 그나마 최고경영자가 승인하면 다행이지만 그런 일은 극히 드물다.

보고는 중요하다. 일반적인 업무는 기획, 중간보고, 결과보고 정도로 이뤄진다. 일정 수준까지의 모습에 이르지 못한 상태라면 경영진에게 보고하기 어렵고, 혹은 올려도 승인을 받아낼 수가 없다.

사사는 다르다. 유감스럽지만 이 점에 관해서는 특효약이 없다. 사사 특성상 어떤 과정이든 일단 지나고 나면 되돌리기 어렵다. 아니, 되돌릴 수 있다고 해도 시간이 소요된다. 일반 업무에 비해 미흡하거나 완성도가 떨어질 지라도 중요한 대목에서는 무조건 보고를 해야 한다. 하루 이틀 미루거나 그냥 대충 넘어갔다가 불상사가 일어날 수 있다.

보고 포인트

기본 방침, 편집 방침

사사의 의의와 방향성(기본 방침), 구체적 표현법(편집 방침)을 중심으로 보고한다. 논의와 보고를 통해 결정한 내용을 명문화하고 이를 편찬위원회에 보고한다. 기대 효과나 타사 사례도 넣곤 하지만 권하고 싶지는 않다. 우리나라의 거의 모든 사사가 비슷해지는 이유가 바로 이러한 틀에 갇힌 보고 때문이다.

가목차

책의 설계도이다. 최초 계획을 바탕으로 자료 및 취재를 통해 실현 가능한 범위를 정한다. 그때까지의 편찬 작업을 총괄해서 향후 방향성을 결정하는 의미를 지닌다. 최고경영자와 편찬위원회의 의견을 반영해 가목차를 수정한다. 이에 근거해 작가는 원고를 써 나간다.

샘플원고

샘플원고를 보고 문장 솜씨는 물론, 회사의 요청사항이나 협의된 내용이 잘 반영되었는지를 파악한다. 샘플원고 수정을 통해 원하는 문체나 구성을 확립한다.

초고

작가가 원고를 탈고하면 실무진에서 1차 감수를 해서 필요한 부분을 수정한다. 이를 최고경영자와 편찬위원회에 보고한다. 해외 출장 등 최고경영자의 바쁜 일정을 감안하여 감수 기간을 충분히 확보한다.

디자인

본격적인 디자인에 들어가기 전에 시안을 내어 보고한다. 책의 얼굴인 표지와 일부 칼럼의 레이아웃을 잡아 시안을 만든다. 시안은 2, 3가지로 준비해 최고경영자가 선택할 수 있도록 한다.

제작 비용

콘텐츠 구현 방법에 따라 천차만별

체제와 사양에 따라
천차만별

사사 제작비는 사사의 내용과 형태에 따라, 제작 기간에 따라 달라진다. 기계로 찍어내듯이 정형화된 틀이 없으므로 비용은 천차만별이다. 똑같은 콘텐츠라고 해도 컬러와 단색 인쇄는 가격 차이가 난다. 용지, 발행부수, 장정 등도 제작비 결정의 요인이다.

따라서 담당자는 대략적인 체제와 사양을 정한 다음에 전문회사의 도움을 받아 제작비를 산정한다. 기획서를 보고하는 과정에서 체제와 사양을 조율하고 그에 따라 예산을 확보한다. 비용은 편찬 비용과 제작 비용으로 나뉜다.

제작비는 기획 및 집필, 사진 촬영, 디자인, 인쇄 등 외주 비용을 뜻한다. 편찬 비용에는 제작비를 비롯하여 편찬실 임대 및 운영비, 해외 출장비, 발송비, 식대 등이 포함된다. 대개 전문회사들의 견적을 보면 집필료와 디자인, 사진작가 비용은 차이가 난다. 단순비교하면 가격 차이라고 보이지만 역량 있는 작가, 사진작가, 디자이너를 선정하려면 더 많은 금액이 필요하다. 이 항목만큼은 싼 게 비지떡이 될 수 있다는 생각을 갖는 것이 좋다.

일괄 발주, 관리하기 용이

사사 제작은 전문회사에게 일괄 발주하는 방식과 영역에 따라 제각각 나누어 발주하는 방식이 있다. 전문회사와 인쇄소로 나누어 견적을 받기도 하지만 대부분 기업은 전문회사와 일괄 계약한다. 요즘 몇몇 기업은 집필 분야에 강점을 가진 기업사 집필 전문회사에게 기획 및 집필을, 편찬 전문회사에게 나머지 업무를 맡기기도 한다. 훨씬 더 좋은 결과를 가져오기도 한다.

업무별로 나눈 견적의뢰서를 3, 4개 회사에게 전달한다. 각 사 견적서를 항목별로 보면 비교하기가 용이하다. 편찬 과정에서 변동사항이 생기면 견적 항목을 보고 비용 증감을 가늠할 수 있다.

Tip! 견적서 항목

- 기획 및 집필 : 기획비, 취재비, 원고료 등
- 사진촬영 : 촬영비 등
- 디자인 : 편집 레이아웃비, 사진대여비 등
- 인쇄 : 제판비, 인쇄비, 용지대, 제본비 등

직원 참여 프로그램

기업문화 재정립 기회

사사를 통해
기업문화 'UP'

　　　　사사 편찬의 가장 중요한 목적은 역사보존과 정리다. 대개 회사에서는 사사 편찬을 편찬위원회와 사무국, 그리고 전문회사 몫으로 여긴다. 그러나 전사적인 임직원 참여가 이루어진다면, 더욱 내실 있는 사사를 만들 수 있다. 숨겨진 사료 발굴과 취재 등이 원활해지려면 임직원 도움이 반드시 필요하다.

　편찬 과정도 중요하다. 전사적인 홍보와 참여를 통해 애사심을 높이고 기업문화를 재정립할 수 있다. 오래 근속한 직원과 입사 연차가 짧은 직원이 있듯이, 일과 직장에 대한 사고방식도 달라 전사원의 관심사도 저마다 다르다. 따라서 임직원의 관심을 끌고 참여를 유도할 수 있는 프로그램을 지속적으로 실시한다. 인트라넷과 홈페이지를 통해 '회사의 역사에서 무엇을 알고 싶은가'라는 설문조사를 받는 것이 시작이다. 궁금한 역사, 사사에 싣고 싶은 내용, 사무국에 대한 바람 등 다양한 의견을 취합해 편찬에 반영한다.

　사료 발굴 이벤트도 좋은 방안이다. 홈페이지에 팝업 창을 오픈하고 본사와 공장 등 곳곳에 포스터를 붙인다. 발굴된 사료와 기증한 임직원 인터뷰를 사보에 매달 실어 관심을 유도한다.

다양한 기획으로
임직원 등장

사사에 임직원을 등장시키는 것도 효과가 크다. 단체 사진을 보면 사람들은 자기 얼굴부터 찾는다고 한다. 타고난 본능이다. 사사에 자기 이름이라도 실린다면 관심이 커진다. A협회는 20주년 사사를 만들면서 20년 이상 근속한 회원사 임직원의 사진을 모아 사사에 실었다. 역동적인 기업문화를 갖고 있는 B사는 사내 동아리 별로 좌담회를 열어 사사에 담았다. 이밖에도 20주년 사사라면 20년 근속 임직원과의 인터뷰를 게재한다든지, 전 직원 이름을 직위를 불문하고 가나다 순으로 싣는다든지, 방법은 얼마든지 있다. 임직원의 참여는 물론, 일체감 조성에도 도움이 된다.

임직원의 기고를 싣는 것도 한 방법이다. 기업의 성장과 도약, 혁신의 현장에 있었던 임직원에게 당시 상황과 관련된 원고를 청탁한다. 임직원 참여라는 의의와 함께 사사에 생동감을 불어 넣을 수 있다.

홈페이지와 사보 등 사내 커뮤니케이션 도구에 편찬과 관련된 진척 상황과 재미있는 에피소드 등을 기사와 사진, 동영상으로 게재한다. 편찬 기간 동안 임직원의 호응을 지속적으로 이끌어낼 수 있는 방법이다.

일정에 따라 진행하기
좋은 직원 참여 프로젝트

시기에 따라 직원들을 참여시킬 방안이 없는지 고민하다 보면 우리 회사 특성에 맞는 이벤트를 찾을 수 있다. 물론 이벤트를 하기까지는 많은 기간과 별도의 노력이 필요하다. 때에 따라서는 큰 호응을 얻지 못하기도 한다. 호응도가 떨어진다고 해서, 직원들의 관심을 환기시키지 못한다고 해서 아무런 효과가 없는 것은 아니다. 적어도 우리 회사가 '기념비적인 역사의 한 페이지를 장식했구나'를 느끼기만 해도 성공이다.

각 시기별로 적용하기 좋은 이벤트 아이템을 소개하면 다음과 같다. 이들 가운데 각 기업에 맞는 아이템을 정해 시행하면 도움이 될 것이다.

초기 단계

• 사사 제작 편찬 설명회 : 사내 강당, 혹은 이벤트 홀에서 주관부서, 혹은 참여하고 싶은 임직원 대상의 편찬 설명회 및 워크숍 개최

• 포스터 제작 부착 : 사사 시작, 사료수집, 디자인 등 주요 단계마다 포스터 게시(시작 단계, 사료수집, 에피소드 공모 이벤트 공모 내용으로)

• 인트라넷, 정기간행물에 공지 : 사보, 사내방송 등에 그동안 직원들이 몰랐던 회사 역사 관련 에피소드 소개

• 사료 공모 이벤트 : 배지, 급여봉투, 과거 사진, 역사 에피소드, 영상, 과거 명함, 각종 희귀문서

집필 단계

- 자료출력의 날 행사 이벤트 : 특정 일자를 정해 PC안의 주요 문서 출력의 날 행사 시행. 수집된 사료는 편찬실로 이관(사례 : 매월 둘째주 금요일 오후 5시 30분부터~6시까지 출력의 날 행사, 부서별 순회 방식으로)
- 주요 의사결정 보고회 : 가목차 발표회, 디자인 보고회 등 주요 발표 시행
- 디자인 선정 이벤트 : 디자인 시안을 3종~4종 정도로 압축, 스티커 붙이기
- 선행 독자그룹 운영 : 각 부서별로 희망자를 선정, 원고의 선행 평가 시행

디자인 제작 단계

- 수집사료 순회 전시회 : 각 사업장별 구내식당 앞에 희귀사료 순회전시
- 개인별 비전 공모전 : 회사의 비전과 개인의 비전을 일치시키는 전 직원 한 줄 비전 작성

이벤트가 가져온
놀라운 효과

그동안 경험한 이벤트 중 성공 사례는 무수히 많다. 특히 몇 가지 이야기는 반드시 소개하고 싶다. 모 건설사 30년사를 제작할 당시, 사료 수집 공모전을 시행한 적이 있다. 당시 눈에 띄는 두 통의 편지가 편찬실로 접수됐다. 한 통은 1998년 IMF외환위기 당시의 해고 통지서였다.

피눈물로 이 편지를 전하게 되어 대표이사로서 거듭 죄송하다는 말씀을 먼저 드립니다.

지금 상황에서 우리 회사와 임직원 모두는 하루하루 피 말리는 날을 보내고 있습니다. 재무 상태는 이미 자본잠식을 향해 달려가고 있으며 (중략)

3년 안에 반드시 회사를 살리겠습니다. 그리고 3년 후, 반드시 사랑하는 임직원들을 다시 모시겠습니다.

편지를 보는 순간 숨이 턱 막히는 것 같았다. 투고된 봉투에는 다음과 같은 메모가 적혀 있었다.

"해고 당시 받았던 편지를 10년이 지난 지금도 보관하고 있습니다. 혹여 회사도, 저도 그때의 마음을 잊을까 싶어서입니다. 저에게 사료수집 상은 주지 마십시오. 익명으로 투고된 걸로 부탁드립니다. 이 편지는 우리 회사에 소중한 기록이 되지 않을까 싶습니다."

동봉된 편지는 한 통이 더 있었다. 재입사 청탁서였다.

약속한 날보다 1년이란 시간이 지나서야 재입사 통지서를 보낼 수 있게 되었습니다.

우리 회사에 대한 미움과 서운함의 감정이 크시겠지만 다시 우리 회사에서 당신의 열정과 노력을 쏟아 주셨으면 좋겠습니다.

그 문서를 본 사람들 모두가 먹먹해지는 느낌이었다. 관련내용은 최고경영자에게 보고되었고, 그도 큰 감동을 받았다. 그 문서는 당사자의 이름만 가린채 그대로 사사에 게재되었다. 초심을 지키는 기업으로서, 약속을 지킨 기업으로서 기업문화 재정립에 큰 도움이 된 사례다.

'자료 출력의 날' 행사도 적극 권장하고 싶다. 모 무역회사에서는 이 행사 덕분에 소중한 사료를 상당수 복원했다. 무역회사의 특성상 거의 문서로 이루어지는 프로젝트가 많다. 담당자가 그만 두면 아무리 인수 인계를 잘 한다 해도 사료의 상당 부분은 유실되기 십상이다.

개인 PC에서 중요하다고 생각하는 사료를 출력하자 그동안 중요한 프로젝트 수행 일지들이 끊임없이 쏟아졌다. 그런 일을 경험한 이후 지금도 늘 하는 말이 있다.

"사료는 없는 게 아닙니다. 관심이 없을 뿐입니다. 직원들의 관심을 높이는 것이 사료 수집의 성패를 좌우합니다."

Part 4

사사는 어떻게
제작되는가

자료 리스트

자료 수집이 절반이다

**사사 편찬의 절반
'자료 수집'**

자료 수집은 두 가지로 분류된다. 하나는 '문서로 정리하여 사내외에 발표한 자료'다.

이런 문서는 역사 개요를 파악하는데 도움이 된다. 공식 서류(유가증권 보고서, 결산 보고서, 영업 보고서 등), 경영계획서(연도별 사업추진계획서, 장단기 비전 등), 제작물(사보, 브로슈어, 카탈로그, 팸플릿 등), 제출자료(수훈수상을 위한 제출 자료, 주식 공개를 위한 제출자료 등)이 수집대상이다.

다른 하나는 사무국에서 '가공한 자료'다. 각 분야별로 데이터를 수집하여 문서나 그래프, 표 등으로 가공한다. 연표, 매출, 이익, 자본금, 종업원 추이 등 회사의 주요한 일을 알 수 있는 숫자로 이를 연표 또는 그래프로 정리한다.

각 분야별로 역사 전반에 걸쳐 추이를 살피는 데 유익하다. 사사 자료편에 싣는다.

자료 수집 리스트

경영전반 · 전사적 조직동향

- 사훈,사기, 사가, 심볼

- 회사 조직도

- 매출,이익, 자본금 추이

- 경영다각화

- 단 · 중 · 장기계획의 변천

- 사명 변경

- 역대 임원

- 정관

- 유가증권보고서

- 증자 서류

- 이사회 회의록

연도별 경영방침 · 10대 뉴스

- 연도별 슬로건

- 대표자 신년사(각종 인사말)

- 연도별 10대 뉴스

- 사내보, 사외보

인사 · 교육 · 총무 · 복리후생

- 임원 구성, 인원 변동 추이

- 임금 추이

- 인사제도 변천

- 교육, 연수제도 변천

- 복리후생제도 변천
- 노동조합 및 노동재해 발생상황

재무

- 주가, 배당률, 자산 추이
- 재무운용의 내용과 실적(저축, 금융수지 등)
- 재무제표
- 고정자산 대장
- 각종 세무관계 자료

홍보 · 영업 · 고객

- 시장 점유율 추이
- 마케팅 변천
- 상품별 매출 변천
- 영업유통 변천
- 광고
- 조직 변천
- 각종 홍보용 자료

주요 상품 · 제품

- 주요 제품 출시 연표
- 주요 상품의 가격과 매출
- 주요 거래처의 변천과 분포도

신기술 · 산업재산권

- 기술연구, 기술제휴, 기술도입 변천

- 연구 설비의 개요와 변천
- 특허, 실용신안 등 산업재산권 취득상황과 변천
- 품질관리 시스템 변천

지사 · 영업소 · 공장

- 연도별 설비투자 변천
- 인원 수
- 공장 연혁
- 생산 설비 변천
- 생산 품목 변천
- 생산 규모 변천

대표자 동향

- 역대 사장, 회장의 상세 프로필
- 대표자의 저작물, 강연 테이프 등
- 주요 어록

업계 동향(국내, 해외)

- 국내 및 해외법인의 전반적인 동향
- 주요 기업과 주요 제품 및 상품 기술의 변천

출판물 · 인쇄물

- 회사 안내 브로슈어, 상품 카탈로그, 사내외 잡지(연도별)
- 기존의 사사 및 기념지 등 기업출판물

전사적인 협조가 관건

**가까운 곳부터
먼 곳으로**

먼저 담당자 주변부터 살핀다. 담당자는 자신이 손쉽게 확보할 수 있는 리스트를 꼽아본다. 결산보고서, 영업보고서, 출판물, 기초 연표, 사내보, 브로슈어 등이 있다.

그 다음에는 주변을 둘러본다. 사내 각 부서의 협력을 받는다. 먼저 사내에 어떤 자료가 보존되어 있는가를 조사한다. 그 작업을 위해 각 부서명, 담당자명, 자료명, 작성부서, 작성자, 작성 연월일, 자료 대상 기간, 간단한 자료내용, 보관 장소 등이 기입된 리스트를 작성한다. 부서별로 나누어 자료를 제출해달라는 협조 공문을 부서장에게 보낸다. 담당자가 수집한 자료 샘플을 참고할 수 있도록 별첨한다. 제출 기한은 1개월로 못 박는다. 시간이 촉박하면 원성이 높아지고 너무 늘어지면 잊어버린다.

그렇게 해도 마감일을 지키는 부서는 드물다. 원하는 수준으로 체계화된 자료를 주는 곳도 거의 없다고 보면 된다. 적어도 세 차례 이상 독촉해야 시간을 지킬 수 있다.

사내 사료수집이 1차로 마감되면 사옥에서 벗어난다. 협회나 동종업계, 퇴직자들에게 협조를 구한다. 자료 정리는 수집만큼이나 중요하다. 분실을 막고 수시로 보기 편하게 자료를 잘 정리해야 한다. 자료는 '수집 리스트'에 따라 분류한 영역별로 구분하거나 10년 단위별로 묶는다. '수집 리스트'는 자료 목록표에 기입한다. 자료 목록표는 횡축은 영역별로, 종축은 시계열로 배치한다. 어떤 자료가 어느 시대 것인지, 어느 시대 자료가 빠졌는지 한눈에 들어온다.

단비 한번으로 마른 논을 적실 수는 없다. 자료 수집은 몇 차례에 걸쳐 반복된다. 각 부서에는 거듭해서 협조 공문을 보낸다. 이때 자료목록표는 함께 배포하면 자료 수집에 가이드 역할을 한다.

사료 수집
10 Step

사료 수집의 중요성은 두말 할 필요가 없다. 사료가 있어야 사사를 만들 수 있다. '사료를 이렇게 수집해야 한다'라고 명확하게 말하기는 어려운 점이 있다. 각 기업마다 사료 보존 방식이나 여건이 다르기 때문이다. 대개 다음과 같은 프로세스로 이루어진다고 보면 된다.

그동안 경험을 통해 보면 10단계 정도 과정이 필요하다.

1 step 사료 전담팀 운영

약 2~3개월 동안 활동할 수 있는 전담인력을 배치한다. 이들은 기초사료를 수집하는 일을 한다. 기초사료는 우선 시각자료, 문서자료, 물품으로 구분한다. 물품의 경우에는 사진을 찍어 기록으로 남긴다.

2 step 체크리스트를 통한 사료 보유상황 점검

전담팀에 의해 체크리스트가 작성된다. 우선 사료가 보존되고 있었는지 확인하고, 현재 확인된 자료 목록표를 작성하는 일을 한다. 전담팀은 각 사업장의 문서고와 창고를 방문, 사료 상황을 점검한다. 인트라넷 등에 접속, 주요 문서를 확보하는 일을 한다.

3 step 수집된 사료 분류

자료 목록표가 확보되면 구분 항목을 만든다. 대개 다음과 같은 구분 항목이 구성된다.

- CEO (어록, 신년사, 이사회 자료 등)
- 간행물(브로슈어, 애뉴얼리포트, 정간물, 백서 등)
- 제도(정관, 내규, 지령류, 복지, 인사 등)
- 교육(신입사원 교육자료, 연수, 간부교육 등)
- IT(전산도입시 기안, 주요 IT설비 등)
- 컨설팅(부문별 컨설팅 기록, 사업분석)
- 산업재산권(특허, 상표등록, 실용신안 등)
- R&D(대표 실적, 대외수상, 기술평가 등)
- 생산(사이트 현황, 생산량 증가 추이 등)
- 광고(출시 연표, 브랜드 특징, 초기 광고)

- 언론(연도별 보도자료 일람)

- 조직(임원 변동, 연도별 조직도, 직원 수)

- 고객(CS활동, AS규정 제도)

4 step 내부사료 수집

각 사업부와 전담팀에 분류 항목이 정리된 목록표를 발송, 공유한다. 사내 해당 부서장을 방문하거나 전화로 필요한 사료 종류와 취지를 말한다.

5 step 외부사료 수집

우선은 일간지와 전문지를 검색한다.

이후 국립중앙도서관에서 논문 및 매거진을, 이후 관렵 협회 및 국가기록원에 방문해서 사료를 요청한다. 수집된 외부사료는 내부사료와 대조한 이후, 연표를 보완하는 데 사용한다.

6 step 전현직 임원 인터뷰

각 부문 실무 인터뷰, 주요 임원 인터뷰, 퇴직임원 인터뷰, 추가 인터뷰 등으로 나누어 진행한다.

인터뷰 이후에는 녹취록을 작성해서 활용한다. 녹취록은 향후 팩트 체크에 도움을 준다.

7 step 수집 사료의 매트릭스 분류

전 시기의 사료는 시대별, 테마별로 구분지어 매트릭스 분류법을 적용한다. 원고 집필은 물론, 연표 작성에도 큰 도움이 된다.

8 step 더블크로스 팩트체크

두 종 이상의 사료를 통해 사실을 확인한다. 자료가 상충되거나 사실관계가 맞지 않으면 전현직 임원을 방문, 사실을 확인한다.

9 step 유실자료 보정 및 디지털 복원

사진의 경우 색상이나 형태 등을 복원할 수 있는지 확인한다. 원본을 훼손시키지 않는 범위 안에서 사진 상태를 업그레이드한다.

10 step 전체 사료 취합 영인

수집된 사료 가운데 사사에 활용되는 사료는 10%도 되지 않는다. 수집된 모든 사료를 별도의 영인본으로 묶어 보관한다.

무엇보다 중요한 것은
사실 확인

사내와 사외 등 여러 경로를 통해 사료가 들어오면 행복한 마음이 앞선다. 그러나 반드시 수집된 사료의 출처가 정확한지 확인해야 한다.

특히 사외 자료는 출처를 더 상세히 확인해야 한다. 떠도는 이야기가 한 번이라도 잘못 활자화되면 확대 재생산되면서 퍼지기 때문이다.

사내 사료도 마찬가지다. 중요한 문서를 찾았음에도 문서 생산 날짜가 없거나 문서 작성 부서가 확인되지 않는 것이 있다. 맨 앞 장이 뜯겨져 나간 경우다.

사실 확인이 어려워지면 반드시 상사와 의논한다. 확인되지 않은 문서를 인용하는 것은 매우 위험하다는 사실을 인식하고 있어야 한다.

특히 외부인인 작가들은 그런 인식이 희박하다. 집필 시작 때는 물론, 수시로 사료의 정확성에 대해 강조해야 한다.

오래된 자료 수집

잠자고 있는 보물찾기

의외의 장소에
보물 있다

오래된 사내 자료가 사옥 밖에서 나오기도 한다. 수십 년된 기업이라면 수 차례 이사를 했을 것이고 그때마다 창고에 보관한다. 그렇게 방치된 자료는 세월이 지나면서 잊혀진다. 현재 책임자도 알지 못하는 자료가 밖에 있다. 오랫동안 재직한 직원이나 퇴직자의 기억에서 자료가 살아난다. 이들이 살아있는 사료라고 불리는 이유다.

'살아있는 사료'
퇴직자에게 묻는다

퇴직자는 오래된 자료의 대표적인 출처다. 이들에게서 기술개발사와 관련한 귀중한 증언이나 자료가 나온다. 퇴직자 모임을 통해 반드시 자료 제공 의뢰를 해놓는다. 사내와 마찬가지로 문서로 의뢰하는 편이 좋다.

정례 퇴직자 모임을 찾아가거나 사사 편찬을 계기로 임시 퇴직자 모임을 열어 자료를 청한다. 함께 이야기를 나누다 보면 잊고 있던 자료의 행방을 떠올리는 퇴직자도 나온다.

퇴직자 중에는 일지를 꼼꼼하게 기록해 둔 사람도 있다. 그런 이들은 오래 전 자료도 창고에 차곡차곡 쌓아 보관한다. 임원으로 근무했던 퇴직자의 일지라면 귀중한 내용이 적잖게 발굴된다. 첫 사사를 만드는 입장에서는 보물 창고나 다름 없다. 어떤 회사는 25년 치의 일지를 얻어 연표를 손쉽고 정확하게 만들었다.

관련 단체(협회)도 좋은 출처다. 특히 회사가 회장사나 부회장사를 역임했다면 꽤 많은 정보를 모을 수 있다. 심지어 단체의 역사와 회사의 역사가 거의 일치하기도 한다. 업계 단체 자료실이나 창고에 보관된 업계 전문지, 업계 단체의 단체지, 회보 등에서 귀중한 자료를 얻을 수 있다. 지방자치단체의 홍보과와 자료실 등에서도 의외의 자료가 나오기도 한다.

최근에는 국가기록원도 중요한 출처로 떠오르고 있다. 국가의 각종 보관기록이 데이터화되면서 검색도 쉬워졌다.

사진 자료 수집

가목차 따라 앨범 더듬기

개인 앨범 속에
잠자는 사료

연표 대장이 정리되면 사진 자료를 검토한다. 시대별, 사업부 별로 분류한 연표 대장에 근거해 사진을 1차 수집한다. 가목차가 나오면 2차로 사진 수집에 들어간다. 새롭게 필요하거나 1차에서 못 구했던 사진을 찾는다.

모바일 카메라가 대중화되기 전만 해도, 홍보 기능이 있는 대기업을 빼면 사진 촬영이나 정리가 잘 되어 있지 않았다. 전문가들이 창립기념식이나 사장 취임식 정도만 촬영했기에 보통의 행사사진은 드물었다. 대신 사진의 질이 떨어지더라도 개인 소장 카메라에 기업의 크고 작은 행사가 담겼다. 당연히 사진은 개인이 소장하고 있다. 오래된 사진은 장기근속 직원이나 퇴직자에게 요청해야 한다.

구할 수 없는 사진은 브로슈어, 카탈로그 등의 인쇄물에 게재된 사진을 활용한다. 화질이 떨어지지만 가치 있는 자료라면 상관 없다.

밖에서 발견되는
내부 사진

　　　　　외부 자료를 찾으려고 언론사 기사를 검색하다가 생각지도 않게 자사 상품 사진, 광고가 찍힌 사진을 발견하기도 한다. 언론사는 국가 단위 주요 행사에 참석한 최고경영자의 사진도 보유하고 있다. 필요에 따라 언론사 보도사진을 활용한다. 언론사는 보도사진을 빌려주는 렌털 서비스를 하므로 사진을 구하는 데 큰 어려움은 없다.

디지털
아카이빙

　　　　　수집된 사진은 사진대장을 작성해 관리한다. 기본적으로는 사진대장의 분류항목에 바로 작성한다. 분류항목별 관리번호, 촬영 연월일(연대), 사진의 내용, 제공자(부서, 이름), 반송 희망일, 보관장소 등이다. 사사 작업과 함께 디지털화 하는 것도 좋은 방법이다.

　　사사를 제작하면서 수집된 사진 전체를 디지털화하면 일석이조 효과를 얻을 수 있다. 데이터화되지 않은 사진은 스캔을 받고, 동영상은 미디어용으로 인코딩한다. 연도, 테마, 장소, 인물 등의 명칭으로 파일명을 작성하고 별도 데이터로 보관한다.

　　뒷날 사사는 물론, 홍보용 사진으로, 중요한 역사적 사진으로 활용 가능하다. 희귀한 사진들을 모아 전시회를 하면 직원들의 관심도 모으고 자료 보관의 중요성을 환기하는 계기가 된다. 이렇게 수집된 사진을 화보집으로 엮어 퇴직임원이나 창업자, 최고경영자에게 선물하면 최고의 찬사를 들을 수 있다.

사진 수집 대상

경영전반 · 조직동향

- 시설, 설립총회, 업무풍경 등

- 역대 사장

- 회사 간판, 표지판

- 관련회사 창립 행사

- 상표나 사명 로고

- 사내보 창간호

- 회사규정집, 기업이념(경영 기본이념)

연도별 경영방침 · 10대 뉴스

- 주요 경영 방침 발표, 슬로건, 사업계획 서류, 책자, 포스터

인사 · 교육 · 총무 · 복리후생

- 각종 텍스트

- 노동조합

- 각종 행사

- 복지시설, 요양소 등

- 신입사원 입사교육

홍보 · 영업 · 고객

- 옥외 광고물

- 지면광고, 신문기사, 카탈로그, 포스터

- 출판물

- 캐릭터, 판촉물, 경품

- 전시회, 신제품 발표회

- 상품견본, 상품진열대, 포장지 및 상자 사진

주요 상품 · 제품

- 창업시 제품 및 상품

- 주력 제품, 신상품

신기술 · 인허가권

- 주요 제조장치

- 해외연수, 교육

- 인증 등 각종 허가서

지사 · 영업소 · 공장

- 본사 사옥(본사 주변), 공장 항공촬영, 시설전경, 물류센터

- 매장(숍 오픈)

- 신규사업 매장

- 공장부지, 공장현장

- 관련시설 신축, 증축 내용

- 시설내부(연구소 등)

- 해외공장

- 시설이용 모습, 업무 모습, 작업 모습

- 품질경영 발표회

대표자 본인 · 가족 동향

- 창업자의 개인사진, 애용품, 휘호, 가족 및 손때가 묻은 필수용품
- 창업자 생가
- 훈장 등 각종 수상에 관련된 사진, 상장, 감사패, 트로피
- 창업자 관련 저작물

기타

- 기업 관련 각종 개인 소장품

사진 자료 정리

아날로그 사진은 디지털로 변환

중요한 사진에서
필요한 사진으로

사진은 사진대장을 가지고 관리한다. 사진의 관리번호는 사진대장에 연동시킨다. 기본적으로는 1매씩 관리하지만 동일한 사진은 일괄적으로 정리한다.

수집된 사진 자료를 모두 사사에 실을 수는 없다. 그 가운데 '중요한 사진'을 선택한다. 선택 기준은 가목차와 본문을 기준으로 삼는다. 가목차, 본문을 읽어보고 사진의 후보 리스트를 작성한다. 리스트 내용은 본문 페이지 수, 장 및 절 그리고 항의 번호, 분류항목별 정리번호, 촬영 연월일(연대), 사진내용, 제공자(부서, 이름), 반송 희망일, 보관 장소이다. 사진대장에서 작성한 데이터를 촬영 연월일 순으로 정리해 두면 본문의 기사에 맞게끔 연관시킬 수 있어 편하다. 이런 방법으로 관리하면 수집된 사진과 수집해야 하는 사진, 촬영해야 하는 사진을 파악할 수 있다.

'중요한 사진'은 디자인 과정을 거치면서 '필요한 사진'으로 걸러진다. 레이아웃이 잡히면 중요한 사진이라 해도 지면이 부족하면 빼야 한다. 결국, 중요한 사진 중 필요한 사진을 취사선택해야 한다.

원본사진
보관방안

  자료 사진은 보관도 중요하다. 보관을 위한 정리 방법은 크게 '회사 소유', '사내의 개인 소유', '외부로부터의 제공' 등으로 구분한다. 양이 늘어나면 클리어 파일에 분류한다. 접착식 앨범은 장기간 보존하면 표면이 끈적거리거나 사진이 상한다.

  클리어 파일에는 분류명과 번호를 적어놓는다. 한 개의 클리어 파일에는 동일한 내용만을 정리한다. 클리어 파일의 시트에는 사진대장의 관리번호를 기입해 놓는다. 사진이 지나치게 많으면 상태가 좋은 사진만 클리어 파일에 선별하고 남은 것은 봉투에 넣어둔다.

  모든 사진은 디지털 파일로 정리한다. 단, 많은 비용과 시간이 소요된다. 사사 발간이 끝난 다음 별도 프로젝트로 추진한다. 사진과 더불어 사보, 문서 등 사료로 가치가 있는 인쇄물도 디지털화를 해놓는다. 손이 많이 가는 작업이라 별도 전문업체에게 의뢰한다.

편찬 방침에 따라 순서가 정해진다

먼저 숲을 보고
나중에 나무를

사무집기를 들여놓은 편찬실에 맨 먼저 연도별로 묶은 사내보 합본호, 브로슈어, 카탈로그 등 각종 수집사료를 모아둔다. 작가는 기업 현황과 수집된 사료를 기반으로 역사를 공부한다.

어느 정도 공부가 마무리되는 시점에서 총정리를 한다. 여러 부서를 두루 거친 장기근속 임원급이나 신입사원 입문교육 때 회사 현황과 역사, 그리고 기업문화 등을 강의하는 사내 강사를 섭외해 회사 역사에 대해 듣는다.

이때 현황과 역사 파트로 나누는데, 현황은 사업 부문별로 진행한다. 이때쯤이면 연표 초안이 나온다.

그 가운데 중요한 내용을 골라 그것에 대한 이야기를 해줄 인터뷰이 리스트를 작성한다. 일정이 맞다면 작가와 기획자를 신입사원 연수 프로그램에 참여시킨다.

본격적인 인터뷰에 앞서 최고경영자의 이야기를 먼저, 반드시 듣는다. 집필을 위한 인터뷰라기보다 사사의 방향성을 확인하기 위해서이다.

173

최고경영자의 입을 통해 확인한 방향에 따라 전체적인 구성과 취재 대상이 바뀌기도 한다. 이 절차를 건너뛰면 나중에 곤혹을 치른다. 원고를 보고했는데 최고경영자가 본인이 생각하는 방향과 다르다며 재집필을 지시하는 경우가 생길 수 있다.

취재 순서에는 두 가지 방법이 있다. 첫째는 최고경영자부터 시작해서 현장을 찾는 방법이며, 둘째는 창업기부터 시작해서 현재로 이동하는 방법이다. 첫째 유형은 테마형 사사에 적합하며, 둘째 유형은 통사 방식에 적합하다.

방법 1. 최고경영자부터 시작

첫째 방법은 최고경영자의 경영철학과 경영방침을 중심에 두는 것이다. 예컨대 창업자가 1980년대 기술경영을 중시했다면, 이후 조직은 어떤 식으로 움직였고, 그 성과가 무엇인지 인과관계 순으로 밝혀내는 식이다. 그해의 경영방침이 매우 중요한 사료이자 취재대상이 된다.

사사 편찬을 급히 해야 하는 경우라면 이러한 방식이 알맞다. 페이지 수가 적을 때 효과적이다. 수집해야 하는 자료가 명확하기 때문이다.

방법 2. 퇴직 임원으로부터 시작

편찬기간이 비교적 길면 전직 임원부터 취재를 시작하는 것이 유리하다. 시간이 지날수록 사료는 사라질 수밖에 없다. 초기에 연로한 분들을 대상으로 취재를 시작한다.

처음으로 사사를 만드는 때도 마찬가지다. 최초의 사사를 만들려면 창업기의 정보 수집이 관건이다. 만약 창업자가 생존해 있다면 최우선 대상이 된다.

만약 사후라면 그의 아내나 친지들을 대상으로 취재를 시작한다.

취재해야 할 대상이 확실하다면 취재자 리스트에 이름, 부서(소속 부서), 듣고 싶은 내용, 취재 예정일 등을 기입해 둔다. 이것도 엑셀 등의 표 계산 시트를 만들어 가목차 표와 연동시킨다.

인터뷰 진행

인터뷰이의 기억을 되살린다

사전 준비를
철저하게

　　취재 리스트 작성이 어느 정도 완성되면 인터뷰이 섭외를 시작한다. 섭외는 순전히 담당자 몫이다. 우선 전화로 취지를 설명하고 간략하게나마 어떤 질문을 할지도 사전에 알린다.

　취재는 섭외한 날로부터 일주일 이후로 여유 있게 잡는다. 질문지, 그리고 취재원과 관련 있는 연표만 추려 이메일로 보낸다. 취재원이 충분히 기억을 반추할 여건을 마련해주는 것이다. 취재 당일 생각지도 못한 귀한 에피소드와 자료를 과거로부터 소환해온 취재원도 있다.

　섭외가 완료된 취재원의 프로필을 준비해 작가에게 전달한다. 프로필에는 입사연차, 근무부서, 현재 직책 및 담당 업무, 수행 프로젝트(중요한 것으로만) 등을 담는다. 작가는 프로필을 참고하여 질문지를 만든다. 10개 이내를 작성하여 시대순으로 배열한다. 그래야 기억을 되살리기 쉽다. 수집한 자료를 확인하는 질문은 뒤쪽에 배치한다. 질문지 끝에 취재원으로부터 받으려는 자료 리스트를 붙인다. 취재 질의서를 사전에 보내되, 반드시 참고용임을 밝혀둔다. 질의서는 깊이 있게 작성하기가 어려워 개괄적인 내용으로만 채워지기 때문이다.

인터뷰 말미에는 반드시 추가 인터뷰가 필요할 수 있다고 밝혀둔다. 집필을 하다 보면 미진한 점이 생긴다.

취재는 한 번에 한 명씩 해야 한다. 기획기사용이 아니라면 여러 사람을 모아서 함께 하는 좌담회는 가능한 한 피한다. 서로 눈치를 보면서 말을 아끼거나 한 명 입에서만 침이 튄다. 정작 듣고 싶은 이야기는 못 듣고 용비어천가로만 끝난다.

답례품을 준비하는 센스도 필요하다. 상대가 부담스럽지 않는 수준의 정성이 담긴 선물을 준비한다. 회사에서 생산하는 제품이나 요즘 유행하는 상품이 좋다. 인터뷰가 한결 매끄러워진다.

이야기 흐름에
'승차'

당일에는 반드시 취재 수첩과 보이스 레코더를 준비한다. 이야기 흐름을 이어주면서 질문을 한다. 앞서 보낸 질문 항목의 순서는 바꿔도 된다. 간혹 장소와 날짜가 불분명한 이야기가 나온다. 억지로 기억해내느라 이야기의 흐름을 끊거나 시간을 허비해서는 안 된다. 나중에 확인하기로 하고 넘어간다.

취재 후에는 보이스 레코드에 녹음된 내용을 듣고 녹취록을 작성한다. 녹취한 내용을 전부 받아쓰기보다는 주요한 부분만 정리한다. 민감하거나 자료와 상이한 내용은 취재 대상자에게 녹취록을 보내 확인한다. 새로운 사안에 대해서는 연표에 추가 기입한다.

취재는 이같은 수순으로 진행되지만 질문서 작성, 취재 실무, 녹취록 정리 등은 작가에게 일임한다.

입체적인 구성과 신뢰도 상승효과

참석자는
7, 8명 적당

      사사의 분량은 적지 않다. 웬만한 사전은 저리 가라고 해도 될 정도로 많은 내용을 담는다. 통사를 시대순으로 자료 정리하듯 기록하면 읽기가 쉽지 않다. 평면적이고 재미도 없다 보니 이런 책을 왜 만드나 하는 의문도 제기된다.

  따라서 다양한 기획과 읽을거리가 필요하다. 화보나 테마사가 대표적이다. 최근에는 좌담회도 그러한 일환으로 사용된다. 좌담회를 통해 과거 역사를 알기는 쉽지 않다. 그러나 기획기사용으로는 아주 좋다. 읽기도 쉬울 뿐만 아니라 이야기를 주고 받는 형식 덕분에 역동적으로 느껴진다. 이 형식은 가독성도 뛰어나고 신뢰를 높인다. 좌담회 장면을 담은 사진까지 실으면 생동감이 넘친다.

  좌담회는 작가가 쓰기 어렵거나 중요한 사건의 사실 관계를 밝히는 데 유용하다. 회사 역사에 전환점이 된 세계적인 기술 개발에 대해 본문에서는 사실 관계를 중심으로 다룬다. 좌담회라면 개발 관계자의 입을 빌어 개발 뒷이야기 등을 쓰는 게 가능하다.

미래 비전도 작가가 쓰기 힘들다. 자료를 받아서 쓰면 추상적일 수밖에 없다. 기업 고위층이나 전문가가 나와 좌담회에서 미래 비전을 논의한다면 신뢰도가 높아진다.

좌담회가 과거 역사적인 사건을 다룰 경우, 참석자는 창업자(회장, 사장), 퇴직임원을 중심으로 구성한다. 미래를 전망하는 내용일 때는 기획 관련 중견 사원과 임원, 교수나 기자 등 외부 전문가를 초청한다. 인원수는 최대 7~8인 정도가 좋다. 많으면 1인당 발언 시간이 적어져 한 마디도 못하는 사람이 나온다.

좌담회가 끝나면 핵심발언 중심으로 원고를 재구성한다. 구어체 문장을 문어체로 바꾸고, 단어나 팩트가 정확하게 사용된 것인지 확인해서 게재한다.

사회자, 참석자
발언 수위 조절

좌담회는 하나의 주제 아래 참석자끼리 활발하게 이야기를 주고받는 것이다. 여차하면 이야기가 엉뚱한 곳으로 흘러간다. 사사 담당자는 좌담회에서 다뤄야 할 주요 내용을 뽑아 사회자와 참석자들에게 미리 전달한다. 좌담회가 시작되기 전에도 '주제에 집중해 달라'고 다시 상기시킨다.

사회자는 작가나 편찬 사무국 팀장, 외부 전문가가 맡는다. 작가나 팀장은 내용을 잘 알기 때문에 이야기 흐름을 잘 따라잡는다. 반면 고위층 참석자 눈치를 보느라 사회자 역할에 소홀할 수 있다. 외부 전문가는 회사 사정에 어둡지만 전문가의 권위로 솜씨 좋게 좌담회를 이끈다. 좌담회 주제와 참석 대상을 염두에 두고 적절한 사회자를 섭외한다.

참가하는 사람 수가 많으면 '그렇습니다'라고 한 마디 말만 하는 사람, 한 마디조차 말하지 않는 사람도 생긴다. 사회자는 참석자들이 고루 이야기할 수 있도록 배려한다.

좌담회 내용을 지면에 옮길 때, 중복되거나 설명이 부족해 곤혹스러울 때가 있다. 읽히는 문장으로 만들고 균형을 잡으려면, 가공이 필요하다. 극단적인 발언은 수위를 낮추고 지나치게 말을 많이 한 참석자의 발언은 조정한다.

좌담회 후에 식사 자리나 티타임을 갖는다. 공식적인 자리에서 못다한 이야기가 자연스럽게 흘러나온다. 작가가 좌담회 집필을 할 때, 유용한 첨삭 자료로 활용된다.

좌담회 장소는 촬영을 염두에 두고 정한다. 집필작가, 사진작가 등이 사전에 모여 협의한다. 담당자는 의전이나 촬영 방향 등을 고려하여 자리를 배정한다.

Tip! 사례비나 사례품

¤ 교수나 기자 등 외부 참석자에게는 사례비를 지불해야 한다. 사례비는 회사의 방침에 따르고, 외부 참석자의 강연료를 기준으로 삼을 수 있다. 섭외 때 사례비를 밝혀 명확히 해둔다.

사내 참가자에게는 모바일 충전기, USB 등 간단한 기념품을 증정한다. 전직임원도 사내 참가자의 범주에 포함시킨다.

사진 촬영

꼼꼼한 준비가 성공을 부른다

화보, 어떻게
기획해야 하는가

사사에서 까다로운 구성 가운데 하나가 화보다. 형식적으로 구분하면 사사는 화보, 본문, 자료편으로 나뉜다. 일반적으로 화보는 세 가지로 다시 분류된다.

- 이미지 화보 : 책의 맨 앞, 회사의 정신이나 경영이념을 사진이나 그림으로 시각화하는 것
- 연혁화보 : 한 눈에 회사의 역사를 살펴볼 수 있도록 과거 사진을 모아 수록한 것
- 현황화보 : 현재의 우리의 모습을 촬영하여 정리하는 것

이 세 화보가 모두 있어야 하는 것은 아니다. 어느 하나를 빼기도 하고, 한 곳으로 묶어두기도 한다. 과거에는 이미지화보를 중요하게 여겼다. 맨 첫 장이기도 하거니와 강한 임팩트를 줘야 한다는 강박 관념이 있었다. 그러다 보니 어느 회사 사사든 이미지 화보는 늘 비슷했다. 도

전, 혁신, 글로벌, 사회공헌 등으로 도배됐다. 이제는 우리 회사만의 특성을 살릴 방안이 없는지 고려할 필요가 있다.

이미지화보는 대개 10면~20면 정도로 구성한다. 우리 회사를 상징할 수 있는 사진을 수록하거나, 일러스트나 그림을 활용한다. 선대회장이나 현 CEO의 어록 가운데 일부를 발췌, 주제와 맞는 사진을 수록하는 것도 한 방법이다.

연혁화보는 기본적으로 시대순으로 배열한다. 50년사라면 50대 테마를, 40년사라면 40대 테마를 뽑아 집중 수록하기도 한다. 당시 일을 회상하는 인터뷰 기사를 함께 수록하면 입체적인 지면 구성이 된다. 연혁화보는 기획이 중요하다. 낡은 고등학교 졸업앨범처럼 보일 수도 있기 때문이다.

현황화보는 여러 방면으로 기획이 가능하다. 장소별로 구분하는 방법도 있고, 테마별로 구분하는 방법도 있다. 규모가 작은 회사라면 부서별로 사진을 찍어 수록하기도 한다. 글로벌 현장(장소별), ○○○인 25시(부서별 촬영) 등이 대표적인 사례이다.

전문회사가 결정되면 장시간 논의해야 하는 것이 화보기획이다.

촬영기획은 일정과
대상을 중심으로

화보기획이 확정되면, 두 가지 일을 동시에 추진한다. 과거 사진 수집과 현재의 모습을 촬영하는 것이다.

전문회사들은 약 한 달 정도의 시간 안에 촬영을 완료하려고 한다. 사진작가를 계약직으로 고용하므로 오랜 기간 동안 붙잡아둘 수 없다. 그런 식으로 한 달 남짓 촬영하면 마음에 드는 사진을 찾기가 어렵다.

우리의 모습을 제대로 담으려면 1년 동안의 사계가 담겨 있어야 한다. 가급적 1년 동안 진행되는 주요 행사도 사진에 담아야 한다. 이사회라든가 주주총회, 창립기념식, 시무식, 신입사원 오리엔테이션, 사내 주요 행사 등은 반드시 넣어야 하는 촬영 대상이다. 따라서 사사 제작 업무가 시작되면 전문회사와 논의하여 꼼꼼하게 촬영할 행사를 정리한다. 촬영은 전문가인 사진작가에게 맡겨두면 되지만 무엇을 찍고, 언제까지 찍어야 할지는 실무자가 정해야 한다.

촬영기획서에는 다음과 같은 내용이 충족되어 있어야 한다.

- 촬영 대상 : 1년 중 사내 주요행사
- 촬영 시기 : 봄, 여름, 가을, 겨울 중 택해서 각 2주일간
- 촬영 동선 : 지방사업장, 본사, 해외사업장

**촬영 전,
준비 사항**

사사를 발간한 뒤 큰 곤경에 빠진 회사가 있다. 사사 맨 앞 장에 실린 한 장의 사진 때문이었다. 1,000톤 규모의 프레스 앞에 활짝 웃는 공장 직원들의 사진을 보고 한 시민단체가 고발한 것이다. 안전모를 쓰지 않고 현장에 들어갈 수 없다는 규정을 어겼다는 이유였다. 결국 회사는 벌금까지 내야 했다.

사진 촬영은 철저한 준비가 필요하다. 현장에 미리 준비해달라고 해도 막상 촬영하러 가 보면 대부분 갖춰진 게 없다. 청소가 안 되어 있거

나 작업복을 입고 있지 않거나 회사 배지를 착용하지 않거나.

촬영하기 1주일 전부터 현장 담당자에게 전화를 걸어 다음과 같은 항목을 하나하나 확인한다.

- 공장의 청결도
- 모델이 될 직원들에게 사전통지
- 전 직원 사내 배지 착용
- 규정에 어긋나는 복장, 헤어스타일, 안전용구 확인
- 공장장 및 현장 임원의 촬영시간 체크
- 구내 식당에서의 촬영준비

동선을 시간대별로 정해두는 것도 필요하다. 동선이 꼬이면 3박4일 일정이 5박6일로 늘어난다. 사내 모델로 정해진 직원과는 직접 전화통화를 한다. 미용실에 간다든가, 진한 화장을 한다든가 하는 일은 금물이다.

꼼꼼하게 챙겨야 할
촬영 소품

사진 촬영은 건물 및 공장, 인물 등으로 나뉜다. 인물 촬영은 최고경영자나 임원 등을 대상으로 이뤄진다. 이들은 일정이 바쁘기 때문에 촬영시간을 최소화한다. 인터뷰와 달리 사진 촬영은 사전 준비작업이 필요하다. 조명 등 기자재를 설치해야 한다. 관계자들은 최소 30분 전에 촬영장소에 도착해야 약속한 시간 안에 촬영을 마칠 수 있다. 여러 명을 잇따라 촬영하면, 사전에 20분이나 30분 간격으로 순서를 정해놔야 속도가 난다.

촬영장소는 사내 집무실이나 사외 스튜디오를 잡는다. 단체 촬영은 임원회의 때 일정을 잡아 회의가 끝난 후 회의실에서 촬영을 한다.

최고경영자나 임원은 촬영 시간을 가능하면 오전에 잡는다. 그래야 사진이 좋다. 대부분 나이가 중년 이상이라 오후로 넘어가면 얼굴에 피로가 쌓인다. 스타일리스트도 반드시 섭외한다. 스타일리스트의 손길이 간 가벼운 분장은 인물에 활기를 넣는다.

인물 촬영과 달리 건물 및 공장은 날씨의 영향을 받는다. 하늘의 상태, 햇빛의 각도가 촬영에 영향을 주기 때문에 면밀한 촬영계획을 세워야 한다. 특히 우천, 안개 등에 대한 예비 촬영일도 미리 잡아놓는다. 사사 편찬은 1년 넘게 진행되기 때문에 사계절 중 날씨 여건이 좋은 때를 골라 진행한다. 지방 기상청 홈페이지에서 과거 3년 동안 특정일 날씨 상태를 확인할 수 있다. 물론, 신설이나 증설 등 공장 내외부 환경이 복잡한 때는 피한다.

이를 고려한다고 해도 현장에서는 여러 가지 변수가 발생할 수 있다. 공장 측과 충분하게 협의해서 일정을 잡는다. 생산 공정만 담으면 밋밋해지기 쉬워 흔히 현장 직원을 함께 넣어 연출한다. 연출 사진인 만큼 밝은 분위기의 직원을 미리 섭외해 놓아야 한다.

공장에서 모든 것을 해결하려다가는 낭패를 본다. 현장에서 쓰던 안전모가 사실감은 있을지 몰라도 사진에는 부적절하다. 회사 로고가 없는 경우도 있다. 담당자는 새 안전모와 회사 로고가 쓰인 스티커를 반드시 챙긴다. S그룹 담당자는 해외공장 촬영 때, 새 안전모를 챙겨가기도 했다.

사사를 구성하는 살과 피

연표에서 목차가
나온다

사사에서 가장 중요한 것 중의 하나가 연표이다. 가목차를 짜는 데도 연표가 일등공신이다. 자료 조사와 취재를 거치면서 기업이 기본적으로 가지고 있는 연표에 살을 붙인다. 살이 오르면 시대를 구분하고 가목차를 짜는 데 토대로 사용한다.

어떤 것을 연표에 넣을까. 흔히 듣는 질문이다. 그때 그때 주어진 상황이나 여건에 따라 다르다. 일반적으로 회사 전반에 걸쳐 시행된 행사나 사건을 넣는다. 사업 부분이나 일개 팀에서 일어난 사건이라고 해도 회사 전반에 영향을 미쳤다면 포함시킨다.

연표를 정리해 연표대장을 만든다. 횡축에는 '정보의 분류항목'을, 종축에 '연차(연도)를 구분한 매트릭스 형식이다. '정보의 분류항목'은 경영관리, 영업, 생산 등으로 나눈다. 연표대장의 성패는 '분류항목'의 설정을 적절하게 결정하는데 달렸다. 항목수가 적으면 분류하지 않는 것과 마찬가지이고 너무 많으면 연표를 분류하기 힘들어 능률이 떨어진다.

연표대장
작성방법

　　　연표대장에 들어가는 사건의 내용은 자세하게 정리할 필요가 없다. 언제, 누가, 어디서, 무엇을, 왜, 어떻게 정도로 적으면 충분하다. 실제로 원고를 쓸 때는 연표대장을 색인으로 하고, 구체적인 내용은 원재료를 보고 쓴다.

　연표대장이 완성되면 사무국에서는 사건의 중요도에 따라 등급을 나누어 표시를 한다. 가장 중요한 것과 사사에 넣으면 안 되는 것은 반드시 구분한다. 때에 따라서는 정책적인 판단에 따라 중요한 내용을 빼야 하기도 하고, 사소한 내용을 넣기도 한다. 대부분 정책적인 판단은 팀장급 이상이 내린다. 그래서 연표는 팀장에게 보고해서 살펴봐 달라고 요청한다.

　작가는 이를 기준으로 삼아 가목차를 짜고 원고를 쓴다.

사사라는 집을 짓는 설계도

본문 작성의
출발점

가(假)목차는 작가가 짠다. 담당자 몫은 아니지만 사사 편찬에 있어 커다란 분수령이 되므로 가목차에 대한 기본적인 이해를 갖고 있어야 한다.

책을 쓰려면 기본 구상을 한 다음에 자료 조사와 취재 등을 통해 자료를 모은다. 이에 대한 분석을 거쳐 목차를 뽑고, 집필을 해나간다. 사사도 마찬가지. 다만, 가목차라는 전단계를 거친다. 사사는 작가가 자의에 따라 임의로 쓰는 저작물이 아니다. 기업의 청탁을 받아 쓰기 때문에 전 과정에 걸쳐 기업의 의견을 반영한다. 그래서 본(本)목차 전에 가목차를 뽑아 편찬위원회, 편찬실 등 이해 관계자의 의견을 수렴한다.

잘 만들어진 사사는 '목차'만 봐도 회사 역사의 커다란 흐름을 알 수 있다. 사사는 소설이나 교양서와 달리 추상적이거나 복잡하게 구성해서는 안 된다. 사료답게 사건을 시대구분에 의해 시계열별로 배열하는 형태를 취한다. 때문에 목차는 회사의 역사 개요가 된다.

가목차는 구성을 결정하는 가이드다. 가목차에서 통사, 부문사 등이 결정된다. 사사 원고는 일반적으로는 회사 창립부터 현재까지의 역사를 연대에 의해 기술한다. 그 외에도 사업부문이나 계열사로 나누어 다루는 부문사, R&D사, 혁신사, 글로벌진출사 등으로 나누는 테마사가 있다. 창업자의 전기를 넣기도 한다.

시대 구분은 회사 역사를 바라보는 시각에 따라 달라진다. 가목차를 통해 나온 시대 구분을 가지고 여러 의견을 수렴한다. 이를 통해 사사의 역사관이 결정된다. 가목차는 각 시대 구분에 따라 세부 항목을 결정하고 연표대장에서 취할 내용을 취사선택한다.

잘 그린 설계도에서
훌륭한 집 나온다

가목차는 일종의 설계도다. 방과 식당, 화장실 등의 획을 크게 그어놓고 세부적으로 그리면 된다. 큰 획에는 구성과 시대 구분이 들어간다.

일반적으로 사사 원고는 기업 창립부터 현재까지의 역사를 연대에 의해 기술한다. 이를 통사라고 하는데, 통사 외에도 부문사나 테마사 등이 들어간다. 그룹사는 계열사별로 나누어 기술하는 부문사를, 단일 기업은 글로벌 진출, 혁신, 브랜드 등으로 구성하는 테마사를 선호한다. 최근에는 그룹들도 테마사를 많이 넣는다. 구성에 따라 책의 규모나 외형이 결정된다. 1권1책의 통권으로 갈 수도, 분권을 할 수도 있다.

시대 구분은 터닝 포인트에 방점이 찍힌다. 통사라면 경영의 흐름을 본다. 기술사라면 기술의 터닝 포인트가 어디에 있는가를 보고 시대 구분을 결정한다. 터닝 포인트는 연표 안에 있다. 경영진 교체, 조직의 커다란 변화, 획기적인 기술혁신, 재무제표 추이, 외부 경영환경 등에 주의해서 연표를 살피면 터닝 포인트가 보인다.

현재의 시점으로
재구성

과거 발행된 사사에 연연하지 말고 사건의 원인, 과정, 결과 등을 들여다본다. 10년 전에는 중요치 않은 사건이었으나 현재 시점에서 보면 한 획을 그은 획기적인 일로 평가 받기도 한다.

이 사건들을 중심으로 창업기 · 발전기 · 성장기 · 도약기 · 안정기 등으로 시대 구분을 한다. 처음부터 이렇게 나누기가 쉽지 않다면 먼저 크게 둘로 나누고 다음에 다시 쪼개는 과정을 밟아간다. 시대구분을 '장'이라고 한다면 그 밑에는 '절'을 둔다. 절을 나누는 방법은 다양하다. 시계로 정리해 시대 구분을 세분화하거나 기술이나 경영의 흐름으로 나눈다. 절 밑에 항목도 같은 방법으로 나눈다. 나중에 책을 낼 때에는 장-절-항-목 등의 구분은 지워도 된다.

Tip! 목차의 구성과 체계

¤ 목차는 편(부), 장, 절, 항, 목으로 세분화된다. 책의 체계가 한눈에 들어온다. 반면, 논문이나 공문서 같고 흐름이 단절되어 눈에 거슬린다. 가독성도 떨어진다. 최근 들어 단행본처럼 '1, 1), 중간제목'이나 '장, 1, 중간제목' 식으로 간결하게 구성한다. 아예 장, 절, 항, 목을 없애고 테마로 가는 방법도 있다.

정보 공개

역사적 사실 선별과 재구성

**최고경영자까지
보고 '필수'**

　　'사기(史記)'의 30세가(世家) 70열전(列傳)에는 약 150여 명의 인물들이 등장한다. 그 가운데 약 130여 명이 사마천과 같은 비극의 인물들로 채워져 있다. 그런 이유로 '사기'를 읽는 것은 중국 고대사가 아니라 사마천을 읽는 것이라고 말하기도 한다. 역사는 역사가가 역사적인 사실을 선별하고 재구성한다. 그만큼 과거의 역사를 온당하게 재현하는 것이 아니라는 역설이 되기도 한다.

　역사책의 바이블로 꼽히는 사기가 그렇듯 사사 역시 있는 그대로의 사실이 오롯이 들어가 있지는 않다. 같은 사건일지라도 편찬 시기에 따라 내용이 달라진다. 당시 회사의 입장이나 사건의 가치가 다르기 때문이다.

　기업은 일부 정보의 공개를 꺼려 한다. 내부적인 분란은 물론이고 외부 환경으로 인한 것일망정 IMF외환위기나 글로벌 금융위기로 인해 불거진 경영 위기 등을 숨기고 싶어 한다. 기업 입장에서 껄끄러운 내용일지라도 공정히 기록하는 편이 정론이라고 볼 수 있다. 그러나 이로 인해 기업의 경영 활동에 지장을 주거나 관계자를 다치게 할 가능성이 높다면 올바른 글쓰기라고 단정하기 어렵다.

가목차와 초고에서 불거진 껄끄러운 부분에 대해 담당자가 판단을 내려서는 안 된다. 담당자가 쉽게 넘어가는 부분을 최고경영진은 심각하게 받아들일 수 있다. 반대 경우도 있다. 그래서 껄끄러운 부분은 윗선에 보고를 해서 지침을 받는다. 보고할 때는 반드시 대안을 첨부한다.

수 차례에 걸친
확인 필요

가목차를 보고할 때, 실무자는 미심쩍은 부분을 강조하게 된다. 문서로만 보고하는 경우에는 고딕체로 부각시키고, 구두로 보고할 때에는 한 차례 더 상기시킨다. 임원들은 가목차 단계에서는 '문제될 게 없지 않아?'라는 반응을 보인다. 대개 모든 기업 임원들이 다 그렇다. '사실을 그대로 서술한다는 데 어떤 문제가 있겠는가?'라고 생각하기 십상이다.

원칙은 그렇지만 안이하게 생각하면 반드시 문제가 생긴다. 예컨대 IMF외환위기를 언급하는 가목차가 다음과 같이 작성되었다고 가정하자.

1장. 위기를 기회로, 도전을 도약으로
• 1절 동아시아 금융위기의 시작
• 2절 외환의 부족과 해외자본의 이탈

이러한 목차를 보면, 어떤 임원이든 아무 문제없이 OK 사인을 내린다. 그러나 목차가 아니라 세부내용에 들어가서 보면 상세한 구조조정 내용이 실리게 된다. 당시 회사의 재무 상황과 강제적인 구조조정 상황을 언급하게 되면 최고경영자는 불편한 기색을 감추지 않는다.

"이런 내용까지 써야 되나?"

이런 상황에 처하게 되면 담당자는 곤혹스러울 수밖에 없다. 분명 가목차와 어떤 내용이 기술되는지 보고했음에도 문제가 생기면 어떻게 처리해야 할지 난감하다. 위기가 아니라 극복에 방점이 있다고 보고해도 문장 하나하나에 신경을 쓰는 임원들은 그러한 의견을 받아들이지 않는다.

따라서 시련이나 매출 하락, 구조조정 등과 관련된 항목에 한해서만큼은 가목차 보고, 혹은 중간보고를 통해 안건을 만들어 상세히 보고하는 것이 바람직하다.

잘 만들어 놓고도 위기나 시련에 대한 서술 부분 때문에 지탄을 받기도 한다. 집필작가와 이 부분에 대해서는 심도 깊게 논의하고 그 내용을 수시로 보고해야 앞으로 생길 문제는 미리 방지할 수 있다.

Tip! 감추고 싶은 사건을 기술하는 방안

¤ 1안. 다루지 않는다.

¤ 2안. 있는 사실을 그대로 간결하게 기술한다.

¤ 3안. 당시 언론에서 보도된 내용만 게재한다.

¤ 4안. 현재 시점에서 재평가를 행하고 이것을 '공식견해'로 기술한다.

원고 감수

사사 문장의 덕목을 지킨다

감수는
담당자의 몫

'문장은 작가 몫이다. 담당자와는 별개다.'

이렇게 생각하기 쉽다. 맞기도 하고 틀리기도 하다. 문장은 작가가 쓰지만 담당자는 감수를 해야 한다. 따라서 문장을 보는 기본적인 눈을 갖춰야 한다.

사사 원고는 한 명의 작가가 쓰는 것이 바람직하다. 그래야 처음부터 끝까지 동일한 문장 톤이 유지된다. 최근에는 두 명 이상의 작가가 나눠 쓰기도 한다. 따라서 반드시 샘플원고를 작성해서 작가들의 문장 스타일을 통일시킨다. 초고가 나온 후에는 대표작가 한 명이 감수하게 하여 한 명이 쓴 것처럼 다듬게 한다.

일반적으로 문장은 읽기 쉬워야 하므로 단문이 좋다. 짧게 쓴 문장이 한눈에 들어오고 쉽게 이해된다. 문장이 길어지면 비문이 되기도 쉽다.

담당자는 사사만의 문장 덕목을 잘 헤아려야 한다. 먼저 품위를 지킨다. 격이 떨어지는 책은 회사 얼굴에 먹칠만 할 뿐이다. 그래서 사사 문장은 점잖아야 한다. 비속어나 사투리가 심하게 담기면 책의 격이 떨어

진다. 물론, 고사성어나 한자가 지나치게 많이 나오면 고루해지기 십상
이다.

비슷한 맥락에서 긍정적인 문장이 바람직하다. '없다', '아니다', '적
다' 등 부정적인 단어가 자주 나오면 독자들에게 은연 중 부정적 이미
지가 심어진다. 부정적인 문장은 될 수 있으면 긍정적인 문장으로 바꾸
거나 가능하면 뺀다.

평이한 문장을 추구한다. 문예 작품이 아니기에 작가의 개성을 드러
내기보다 간결하게 기업의 역사를 기술한다.

문장과 더불어
스토리를

초창기의 공장 건설은 거의 맨손으로 이루어졌다. 삽과 곡괭이,
가래로 땅을 팠다. 퍼낸 흙은 지게로 져 나르면서 기초공사가 이루어졌다. 한
국전쟁 직후였으므로 철재는 모두 중고품이었다. 건축자재나 공장 건설에 필
요한 자재 또한 볼품없는 수준이었다. 설비와 자재 모두 부족했지만 한국 최초
의 제당공장을 건설한다는 자부심이 대단했다.

한여름의 불볕더위와 장마 속에서도 공사는 계속 진행되었다. 건설은 자체
건설팀과 외부 노무자가 담당했지만 공기 단축을 위해 전 사원이 힘을 보탰다.
현장 막사에서 건설 근로자들과 함께 먹고 자는 상황도 마다하지 않았다. 공장
건설이 진행되는 동안 창업자도 현장을 지켰다. 가히 공기 단축과의 힘겨운 전
투였다고 해도 과언이 아니었다.

건설 과정에서 가장 큰 난제는 철골 구조물의 설치 작업이었다. 당시 우리
나라는 철제 빔 생산이 불가능했으므로 일본에서 중고품을 구해 왔다. H형

빔을 구하지 못하자 I형 빔 두 개를 붙여 지지 강도를 높였다. 작업자가 리벳 8 이음쇠를 불에 달궈 철골 위로 던지면 그것을 헬멧으로 받아 공기압축기로 연결했다.

설비를 설치하는 데도 어려움이 뒤따랐다. 당시 우리나라 기술 수준에서 이 정도 공장 건설은 최첨단 하이테크산업이나 마찬가지였다. 설계도를 봐도 도 저히 알 수 없을 때는 일본으로 국제전화를 걸었다. 그것마저도 여의치 않은 경우가 많았다. 당시 국제전화는 하루 전에 신청해야 연결이 되곤 했다. 소리 전달이 잘 안 돼 악을 써야만 상대방이 알아듣는 수준이었다. 전문적인 기술 용어가 많아 상대방의 말뜻을 이해하지 못하는 경우도 허다했다. 전화로도 해 결하기 어려운 문제가 생기면 국제우편을 보냈다. 우편이 오가는 데 약 2주일 이 걸렸는데, 그럴 때마다 작업을 중단하고 우편배달부를 목 놓아 기다렸다.

한편 창업자는 원심분리기와 결정기 등 플랜트 본체를 제외한 일부 기계는 국산품으로 대체하겠다고 결심했다. 귀중한 외화로 건설되는 공장이었기에 가 능하면 국산화를 추진하는 것이 바람직하다는 생각이었다. 무더운 여름날 임 직원들은 전국을 이 잡듯 뒤져 중고 철판이나 철관을 구매했다.

부산공장이 완공된 것은 1953년의 일이었다. 그야말로 악전고투의 시간이 었다. 두 달이나 공기를 단축시킨 놀라운 결과였다. 생산능력은 일일 25t이었 다. 지금으로 치면 규모가 크지 않지만 당시 기준으로 보면 최신식 설비를 갖 춘 대규모 공장이었다.

- C그룹 60년사 중에서

필자가 쓴 C그룹 60년사 중 일부분이다. 1953년 공장 건설을 다루는 부분이다. 한국전쟁 직후 거의 맨손으로 공장을 세웠다는 사실과 임직 원들의 노고, 기술부족을 이겨내고자 했던 노력, 공기 단축을 위한 노력, 당시 세워진 공장의 위상 등을 한 번에 보여주고자 한 의도로 쓴 부분이다.

문장은 단문이다. 누가(who), 언제(when), 어디서(where), 무엇(what), 왜(why), 어떻게(how) 등 6하 원칙이 모두 담겨 있다. 지나치게 가볍지 않아야 하며, 지나친 에피소드화는 피하되 흐름이 이어지도록 한 원고다. 잘 된 원고라기보다는 참고하기 좋은 사례라 할 수 있다.

계약서에 저작권 명시

저작권에
각별한 신경을

　　　　　한 통의 전화로 인해 D그룹 홍보실이 발칵 뒤집혔다. 저
작권 위반으로 법적 조치를 취하겠다는 내용이었다. 법정 다툼도 문제
였지만 당장 회사가 입을 이미지 손실이 문제였다. 외근 중이었던 임원
이 서둘러 복귀해 진상 파악에 들어갔다.

　홍보실에서 사내 포스터를 제작해 전 계열사 본사와 공장에 붙인 것
이 화근이었다. 불씨는 거기에 실린 사진 한 장. 수 년 전 사보에 실렸
던 사진을 다시 활용했다. 사보에 한정해서 외부에서 빌린 사진이었는
데 새롭게 업무를 맡은 담당자가 이 사실을 모른 채 포스터에 활용했
다. 결국, 사과를 거듭한 끝에 빌린 비용의 10배를 지불하는 선에서 무
마되었다. 당연히 담당자는 문책을 당했다.

　사사 담당자는 저작권에 각별한 신경을 써야 한다. 사사 전문회사와
계약을 할 때, 결과물인 원고와 사진 등에 대한 저작권이 회사에 있음
을 반드시 명시한다. 그래야 사사뿐만 아니라 사보, 브로슈어 등 홍보

물에 다양하게 활용할 수 있다.

계약에 의해 촬영한 사진이나 원고가 아닌 자료를 쓸 때에는 저작권을 꼼꼼하게 살핀다. 사진이나 그림 등 이미지는 비용을 지불하고 사용한다. 책과 기사의 일부 한, 두 줄 인용은 괜찮으나 지나치다고 판단되면, 출판사나 저자와의 협의를 거친다.

원칙적으로 사외에서 만들어진 자료를 인용하는 경우, 저작권에 신경을 써야 하지만 예외도 있다. 헌법 등 권리의 대상으로서 작성되지 않은 것, 통계자료 등 정부 및 산하단체에서 유포한 자료, 언론사 기사 등이다.

저작권을 떠나 외부에서 인용한 자료는 출처를 밝힌다. 저작권자에 대한 예의일 뿐만 아니라 사사의 공신력이 높아진다. 인용한 부분은 서체를 달리하거나 굵게 표시한다. 인용 전후에 조금 행을 떨어뜨린다. 저작자와 원전 등도 밝혀놓는다.

초상권 문제도
고려

2010년대 초반까지는 사사 담당자들이 주로 저작권 문제만 신경 썼다. 홈페이지 게시용 사사, 대중용 사사, 디지털 사사 등이 크게 늘면서 이제는 초상권 문제도 만만치 않게 제기되고 있다. 과거에는 사사의 대중 노출도가 적어 문제가 되지 않았던 것이다.

사사를 제작할 때 외부에서 사진촬영을 많이 한다. 지나가던 사람의 얼굴이 그대로 드러나면 처리 방법에 대해 고민할 필요가 있다. 촬영 즉시 양해를 구하고 초상권 사용 확인을 받아둔다. 그러나 동의를 받기도 쉽지 않고 일일이 확인 받아 가면서 작업하기란 고역스럽다. 아예 초상권 문제가 제기되지 않을 내부 직원들을 활용해서 촬영하는 것도 한 방법이다.

A 화장품 기업은 사내 촬영을 할 때에도 현장에서 즉시에 초상권 사용 동의서를 들고 다니며 받았다. 유난히 소송이 많은 기업 담당자는 '해당 직원이 퇴사하고 나서 문제가 될까 싶어서'라고 말했다. 그 정도까지는 아니라 해도 초상권을 해결할 방도는 미리 확인해야 한다.

사내외 활용도 '으뜸'

**재무 데이터 중심으로
빈 자리 채우기**

　　　　실용적인 측면만 두고 보면 사사 가운데 '자료편'이 첫 손가락에 꼽힌다. 사내 임직원의 업무 활용도가 높고, 외부 연구자도 '자료편'을 많이 들춘다.

　자료편은 창립부터 현재까지 데이터로 정리할 수 있는 대부분을 총망라한다. 보통 책 말미에 자리잡은 '자료편'은 다양한 기업 현황과 경영수치를 그래프 등으로 시각화하고, 임원 사진과 함께 싣는다. 사사의 천국이라 불리는 일본 사사들을 살펴보면 다들 놀란다. 과거 자료부터 상세하게 '자료편'에 축적되어 있다. 심지어 책의 절반 이상이 '자료편'으로 가득 차 있다. 일본의 경영학자들은 사사를 통해 자료를 얻고 기업을 분석한다.

　아쉽게도 우리나라 기업들은 비어있는 자료가 많다. 일단 많은 항목을 수록한다고 생각하고 자료를 수집한 후 윗선에 보고한다.

가장 중요한 것은
재무 데이터와 연표

어느 기업이든 재무 데이터가 가장 잘 보존되어 있다. 재무 데이터를 기본적으로 수집 정리해서 수록한다. 과거에는 신문에 결산공고를 냈으므로 12월부터 2월 사이의 신문을 찾아본다면 대부분 찾을 수 있다. 상장기업에 대해서는 모든 자료가 공시되므로 사료찾기가 수월하다.

연표를 중심으로 재무자료를 싣고, 나머지 항목을 게재한다.

Tip! 자료편 게재 항목 사례

¤ 기본 자료 : 정관, 역대 임원, 현 임원, 전체 사원 명단, 사업장 소개, 사업 흐름도, 조직 변천사, 사옥 변천사, 사기 및 사가
¤ 재무 자료 : 자본금 변동 내역, 연도별 손익계산서, 연도별 대차대조표
¤ 제품 관련 : 주요 제품 생산량 · 매출액 · 판매량, 제품 개발사
¤ 광고 관련 : 신문 및 TV광고 변천 내역
¤ 간행물 관련 : 사내외보 간행 현황, 단행본 관련 간행서 소개, 주요 학계 논문
¤ 산업재산권 : 연도별 상표출원(국내외), 의장등록 현황, 특허출원 현황, 산업재산권 등록구성비
¤ 시상 수상 : 대내외 수상 현황, 대내외 시상 현황
¤ 글로벌 : 해외 네트워크 현황, 현지법인 및 지점, 지사 수립일 및 현황
¤ 고객서비스 : 주요 고객서비스 제도 연표
¤ 지속가능경영 : 각종 재단 운영현황, 사회공헌 사업실적, 투자금액, 환경 경영 현황

늦더라도 확실하고 꼼꼼하게

교정에도
가이드라인이 있어야

사람들의 글쓰기 습관이나 스타일은 제각각 다르다. 그것은 교정도 마찬가지다. 복합명사처럼 띄어 써도, 붙여 써도 상관없는 단어는 평소 버릇대로 하게 된다. 교정 때 혼란에 빠지는 이유다. 제각각 나누어서 교정을 보다가 교환해서 보면 큰 혼란이 생긴다.

외래어 표기도 마찬가지다. 누군가는 '미슐랭 타이어 사'라고 교정을 보고, 또 다른 사람은 '미쉐린타이어', '미쉐린' 등으로 표기하면 나중에는 이 회사가 같은 회사인지조차 혼동된다.

일본기업도 복잡하다. 일본기업들은 스스로 공식명칭 뒤에 '社' 자를 붙인다. '미쓰비시 사', '도요타자동차 사' 등이다. 누군가는 이 '사'자를 빼기도 하고, 그대로 사용하기도 한다.

원어 표기는 더 어렵다. 매번 외국기업명이 등장할 때마다 괄호 안에 원어를 표기해야 하는지 의문이 생긴다. 외국어가 많으면 가독성은 분명 떨어진다. 일본이나 중국 기업은 회사명을 한자나 일본어로 해야 할지, 영문으로 해야 할지도 통일의 대상이다.

특히 최근에는 2인 이상의 작가가 사사를 집필하기도 한다. 서로 제각각 쓰게 되면 교정교열이 힘들다. 따라서 원고집필 전에 작가들로 하여금 몇 가지 사항을 함께 정리하도록 협의한다. 교정교열 때에도 마찬가지다. 교정을 보는 모든 인력들에게 가이드라인을 제시하면 교정이 원활하게 이루어진다.

역할 분담을
명확하게

교정은 한 번으로 끝나지 않는다. 끝내서도 안 된다. 먼저 사실 관계를 확인하고, 전반적으로 일관성 있는 스토리 전개인지, 설명이 부족한 부분은 없는지 등 커다란 그림 위주로 본다. 마지막에는 단순한 오자 및 탈자를 살펴 마무리한다. 마지막까지 큰 것 가지고 실랑이를 해서는 곤란하다. 자칫 오자를 놓칠 수 있다. 맞춤법이 틀리면 실수라고 보지만, 영어나 한자가 틀리면 실력이라고 본다. 특히 외국어와 고유명사에 주목한다.

중요한 내용은 자료 원본을 펼쳐 놓고 확인한다. 특히, 최고경영자나 창업주와 관련된 내용은 반드시 원본과 대조를 한다. 여기서 실수가 나오면 만회하기 힘들다.

교정에 앞서 전문회사가 보유하고 있는 교정 및 표기 원칙을 가지고 교정 가이드라인을 정한다. 이후 사무국과 전문회사 사이에 역할 분담을 한다. 사내 사정에 관한 내용은 사무국 측이 확인하고 그 외의 다른 문장은 전문회사가 담당한다. 전문회사는 일반적인 내용을 확인하고 오자 및 탈자를 피하기 위해 최대한 노력을 기울이지만, 사무국은 사실

관계 확인과 회사명, 인명 등 고유 명사의 체크에 전념한다.

교정은 완벽을 추구하지만 완벽하기는 힘들다. 여러 명이 달려들어 재교, 삼교를 봐도 오자는 나온다. 교정 실수에는 용서받을 수 있는 것과 그렇지 못한 것이 있다. 문장 끝에 마침표가 빠졌다든가 '교정'을 '교장'으로 잘못 쓰는 정도는 용서받을 수 있다. 거래처의 회사명이 틀렸다든가 '무사고'가 '사고'로 바뀌면 용서받기 힘들다. 사진이 바뀌면 치명적이다. 자료편에 실린 임원 사진이 바뀌어 담당자는 문책당한다. 그 페이지를 다시 인쇄해 붙인 적도 있다.

거듭 당부하자면 늦었다고 서두르지 말고 속도가 늦더라도 초교, 재교, 삼교라는 교정의 단계를 밟으면서 거듭 확인한다.

교정 가이드라인 사례

영문 표기

① 약어는 항상 대문자로 표시한다. 각 장별로 처음 단어가 나올 때에는 공식명칭을 그대로 사용한다.

　예) ASEM, IMF

　예) WTO(World Trade Organization, 세계무역기구)

　다시 나올 때는 WTO로 적는다.

② 상품명 등 고유명사는 앞 글자만 대문자로 쓴다.

　예) 애플의 주력 상품인 아이폰(I-phone)

③ 일반 용어는 소문자로만 병기

　예) 윈-윈(win-win)전략

회사명 표기

① 일본기업을 지칭할 때 사용하는 맨 뒤의 '사(社)' 자는 쓰지 않는다.

예) 미쓰비시화학, 닛산자동차

② 일본, 중국기업의 원어는 모두 국제공용어인 영어로 통일한다.

일본어나 중국어는 사용하지 않는다.

③ 고유명사는 기업에서 부르는 이름을 그대로 사용한다.

단, 한국에 진출한 회사라면, 한국법인이 사용하는 명칭을 그대로 쓴다.

예) 미쉐린, 한국 진출시 미쉐린으로 진출. 원어는 미슐랭.

단, 〈미슐랭 가이드〉 등은 원어 명 그대로 쓴다.

숫자의 표기

① 세 단위로 쉼표를 찍는다.

예) 1,359억 원, 6,000억 달러

② 만 단위를 기준으로 한글과 숫자를 병기한다.

예) 12억 5,000만 달러, 1억 1,000만 원

③ 수사는 띄어쓰기한다.

단위의 표기

단위기호의 명칭 일반 관례에 따른다. 미터(meter, 또는 metre)와 같은 단위 기호는 소문자 m으로 쓴다.

개인 호칭

소속기관, 이름, 신분이나 직위 순으로 표기한다.

예) 한국자산관리공사 ○ ○ ○ 이사장

법률이나 규정 등의 명칭

모두 붙여서 쓰고 필요하면 줄여 쓴다.

예) 중소기업제품구매촉진및판로지원에관한법률(중기구매촉진판로지원법)

단행본 혹은 일간신문 등의 명칭 《 》

논문 혹은 칼럼 등은 〈 〉을 사용

복합명사

붙여쓰기를 원칙으로 한다.

각 인물의 직위

발생 시점을 중심으로 표기한다.

예) 박정희 소장은 예하부대를 이끌고 한강다리를 넘었다.

정정과 사양 변경

인쇄 직전 변경은 피한다

각 단계별로
매듭

　　사사 편찬은 일정계획에 따라 추진한다. 계획은 실행과정을 거치면서 얼마든지 변경될 수 있다. 초중반까지 변경은 리스크가 크지 않으나 그 이상을 넘어가는 것은 피한다. 비용 증가, 발행 지연, 실수 발생의 위험이 있다.

　제작 사양은 원칙적으로 디자인이 확정된 후에는 불가능하다. 최고경영자의 지시나 어쩔 수 없는 상황이 발생하면 인쇄가 시작되기 전에 수정한다. 단, 비용과 시간 손실을 감안해야 한다.

　편찬 단계별로 정정 가능한 범위를 보고 각 단계별로 매듭을 짓고 넘어가야 나중에 탈이 안 난다.

문장의 구성

　원고 단계에서 구성(장, 절, 항)을 확정한다.

디자인

페이지의 변경은 레이아웃 초교까지로 한다. 페이지 변경 없이 교체만 하는 경우는 재교까지로 한다.

문자 교정

오탈자가 아닌 가벼운 문장의 변경은 재교까지로 한다.

제본

제본 방식 변경은 인쇄 전이라면 가능하다. 단, 후가공이 많이 들어가는 표지는 사전에 작업을 마쳐놓는 경우가 있어 미리 확인한다.

페이지 수

페이지 수 증가나 삭감은 어려운 문제다. 편집과 디자인을 다시 시작해야 한다. 증가되는 페이지를 디자인하고 목차를 수정해야 한다.

부수

수시로 대응이 가능하지만 인쇄회사가 용지의 구입을 하기 전까지다.

Part 5

마무리를
어떻게 할까

다된 밥, 뜸을 잘 들인다

**오탈자와 외형을
살핀다**

1년 이상 공들인 책이 납품되면 기쁜 마음에 서둘러 배포하기 쉽다. 그 전에 검수 과정을 거쳐야 한다. 혹시라도 있을지 모를 실수를 찾아낸다. 오탈자를 살피는 것은 기본이고, 외형도 꼼꼼히 체크해야 한다.

외형 체크 항목

케이스 크기

본 책과 케이스가 잘 맞는지 확인한다. 케이스가 헐거우면 본책이 빠진다. 반대로 케이스가 작으면 본책을 넣고 빼기가 힘들다. 케이스를 새로 만들어 해결하면 되므로 피해는 크지 않다.

본책 표지와 케이스 등의 글자

책과 케이스의 등에 책 이름이 새겨진다. 반듯하게 인쇄가 되었어도 제본하는 과정에서 글자가 삐뚤어질 수 있다. 눈에 띌 정도면 제본을 다시 한다.

인쇄의 농염

인쇄는 8페이지나 16페이지를 한 묶음으로 해서 진행된다. 전문회사가 관리를 철저하게 하지 못하면 묶음별로 색조에 차이가 날 수 있다. 같은 색이 다르게 인쇄되는 경우도 있다.

제본

대부분 사사는 실로 묶는 양장제본을 한다. 책등에 풀을 발라 묶는 무선제본보다 내구성이 뛰어나고 잘 펴진다. 검수하는 과정에서 책을 펼쳤는데 일부 페이지가 떨어져 나오기도 한다. 드물게 몇 권이 그렇다면 전량의 상태를 확인해 불량품을 찾는다. 일부 페이지가 뒤집혀 제본되기도 한다. 제본과 인쇄 중 어느 과정에서 발생했는지 밝힌다. 뒤집혀 인쇄되었다면 전량 폐기해야 하고, 제본에서 발생한 문제라면 일부 불량일 가능성이 크다.

잘잘못 가리기보다 수습이 먼저

**전문회사와 상의해
실무선 처리**

검수 과정에서 잘못된 부분을 발견하면 침착해야 한다. 허둥지둥 갈피를 못 잡고 잘잘못을 가리기에 급급하면 화살은 담당자에게 돌아온다. 담당자나 편찬실에서 해결할 수 있는 일이 최고 경영자까지 보고되어 문책을 받을 수 있다.

이미 벌어진 일에 미련을 두지 말고 냉정하게 실수에 대처한다. 오자 정도의 문제라면 몇 가지 해결책이 있다. '정오표(正誤表)'라는 쪽지를 만들어 책 안에 끼워둔다. 비용이나 스케줄 면에서도 피해는 미미하다.

다음은 스티커를 붙이는 방법이다. 해당 글자를 스티커에 정확히 인쇄 해서 한 권씩 틀린 부분에 붙인다. 한, 두 글자는 눈에 안 띄지만 사진이 바뀐 경우라면 확연하게 드러나 스티커로 해결하기 곤란하다. 문제의 페이지를 잘라내고 별도로 인쇄한 새로운 페이지로 바꾸기도 한다.

책 외형 문제는 쉽게 속단하기 어렵다. 불량 정도에 따라 조치가 달라진다. 문제는 기준점이 없다는 데 있다. 책등의 글자가 삐뚤어졌다면, 어느 정도를 가지고 재인쇄를 결정할지 난감하다. 결국, 편찬실과 전문회사가 협의를 해서 결정해야 하는데, 누구라도 문제를 삼을 만한 실수라면 재인쇄하는 것이 맞다.

실수가 일어나서는 절대로 안 되겠지만 혹시나 모를 사태에 대비해 애초에 납기를 넉넉하게 잡아놓는다. 그래야 윗선까지 보고하지 않고 실무선에서 매끄럽게 처리할 수 있다.

정오표,
왜 일본 사사에만 있을까

일본 기업사연구소와 공동 세미나를 진행했을 때 일이다. 전시된 사사를 둘러보다가 한 가지 특징을 발견했다. 단 한 권의 예외 없이 모두 정오표가 들어 있었다. 심지어 서점에서 판매하는 사사에서도 마찬가지였다. 그 이유를 물어보자 이런 대답이 돌아왔다.

"우리는 한국 사사를 보고 깜짝 놀랐습니다. 너무 잘 만들었다는 생각이 절로 들었습니다. 사진이나 인쇄 상태, 책을 구성하는 다양한 방법도 우리가 배울 점이라고 생각했습니다. 그런데 의문이 들었습니다. 정오표가 한 곳에서도 발견되지 않았기 때문입니다. 일본 기업들은 사사를 발간한 뒤에도 실수나 오류가 없는지 확인합니다. 또 새로운 사실이 추가되면 그 내용을 정오표로 만들어 각 기관이나 서점에 배포합니다. 그러면 기관이나 서점들이 정오표를 책자에 부착시켜 줍니다.

사사는 중요한 역사적 기록입니다. 사람이 하는 일이니 오류는 반드시 나옵니다. 그걸 바로잡아야 후대 사람들이 같은 오류를 저지르지 않게 됩니다."

물론 우리나라 기업들은 정오표를 만들지 않는다. 한 번 간행된 사사를 점검할 생각도 하지 않거니와, 설령 오류가 발견되더라도 실수를 드러내지 않기 위해 정오표를 부착하지 않는다. 실수를 바로잡는 과정으로서 정오표를 만들어보는 것은 어떨까?

창립 기념일 행사의 일환

봉정식과
배포는 따로

　　사사가 기념식에 배포된다면 창립기념식의 일환으로 봉정식을 한다. 편찬위원장이 사사 제작 과정을 보고하고, 최고경영자에게 사사를 전달하는 형식이다. 최고경영자는 사사 맨 앞 장에 사인을 하고 그것을 다시 편찬위원장에게 돌려준다. 그 책은 회사 박물관이나 사료실로 보낸다.

　행사 당일 사사를 직원들이나 참석한 인사들에게 배포하기도 한다. 권하고 싶은 방법은 아니다. 사사는 무거우므로 들고 다니기가 상당히 번거롭다. 쇼핑백이나 봉투를 별도로 마련해야 한다.

　예전에 A협회에서 창립기념행사 때 사사를 제공한 적이 있다. 상당수 사사가 행사장 화장실에 버려진 채 발견되었다. 가급적 행사장에서는 봉정식만 하고 집이나 회사로 따로 발송한다.

별도의
발간기념식

　　사사 간행이 창립기념일을 넘겼다면 다른 날을 지정해서 봉정식을 거행한다. 월례회의나 주주총회, 신년하례식 등 특정일 행사와 함께 진행한다. 따로 행사를 하게 된다면 별도 이벤트를 함께 하는 것도 방법이다. 새로 수집된 사진을 행사장 전면에 전시한다거나 별도의 영상을 준비, 상영한다.

　B자동차 회사는 사사 집필작가와 사진작가를 초청해 강연회와 간담회를 함께 진행했다.

집필작가에게는
감사패

　　담당자들은 '비용을 지불하면 끝'이라는 인식을 어느 정도는 갖고 있다. 자연히 사사 발간 무렵이 되면 집필작가와는 연락이 뜸해진다.

　심지어 언론보도를 보고 '내가 쓴 사사가 나왔구나'라는 사실을 알게 되는 작가도 있다. 이런 현상은 '인간에 대한 예의'가 아니다. 아무리 비용을 받고 원고를 썼다 해도 수개월 이상 우리 회사 역사와 씨름했던 작가들에 대한 예우는 지켜야 한다. 이전에 만난 어느 기업 담당자는 이런 말을 한 적이 있다.

　"우리는 당연히 전문회사와 계약했고, 전문회사가 작가를 소개했으니 책도 전문회사가 보내드리는 건 줄 알았습니다."

물론 맞는 말이다. 그러나 아쉽게도 우리나라 전문회사들은 디테일이 떨어진다. 납품하는 데 급급할 뿐이다. 바쁘다는 핑계로, 아니 그들도 안이한 생각으로 작가들에게 연락을 하지 않는다. 이런 경우 대개 작가들의 원망은 발주기업에게 향한다.

작가들의 심정을 충분히 헤아려야 한다. 수십 명의 임원을 만나고, 수천 장의 자료를 보고 원고와 씨름하고 나니, 감수과정에서 잘 모르는 사람들이 자꾸 수정을 요구한다. 경우에 따라서는 새로 쓰다시피 해서 책이 나왔는데, 정작 자신은 그 사실도 몰랐다 하면 그 심정이 어떨까?

담당자도 무척이나 바쁘겠지만 발간에 즈음해서 작가에게 반드시 전화할 것을 권한다.

"조만간 책이 나오는데, 주소를 알려주십시오. 몇 권 정도 필요하신지 알려주십시오."

이런 전화를 받으면 작가들은 그동안의 고된 과정을 지우게 마련이다. 가능하다면 집필작가에게는 감사패를 전달한다. 굳이 최고경영자 이름으로 할 필요도 없다. 해당 부서장, 담당 팀장이 감사의 뜻만 담아도 효과는 더욱 커진다.

사사를 집필한 작가는 사외의 최고 우군이고 고객이다.

전문 배송업체 이용하면 '확실'

배송처
리스트

　　전문회사는 대개 국내외 도서관, 정당, 관공서, 언론기관 주소를 확보해 두고 있다. 외부 발송은 사전에 리스트를 받아보고 보낼 곳을 지정한다. 반드시 보내야 할 곳은 언론기관, 국가기관, 국립도서관, 국회도서관, 시립도서관, 주요 대학 도서관 등이다. 도서관이나 정당에 보내면 중요한 자료로 보관된다. 대학 도서관은 우수인력 유치에 도움이 된다.

　관련 단체에도 보낸다. 주요 퇴직임원이나 내부인사에게는 우편이나 택배로 발송한다. 발송은 직접 할 필요가 없다. 관리도 보통 일이 아닌 데다 주소 확인이나 작성에도 많은 시간이 소요된다. 가격도 싸지 않다. 전문회사와 연계된 DM사는 대량 배송 서비스를 이용한 할인 방법 등을 잘 알고 있다. 그들에게 의뢰하면 저렴한 비용으로 사사를 보낼 수 있다.

배포처를 정하는
노하우

우리나라 기업들이 발송하는 외부 대상은 대략 1,300여 곳이다. 2000년대 초반까지만 해도 각 지역 고등학교, 모든 대학 도서관에 2권 이상 발송하느라 2,500여 곳을 상회했다. 최근에는 기관당 1권으로 제한한다.

과연 어떤 프로세스를 거쳐야 할까? 어느 곳에 보내야 할지 일단 보고를 해야 한다. 그러려면 기본 데이터가 필요하다. 전문회사와 연계된 DM사를 통해 최신 버전의 국공립 도서관, 관공서, 언론사, 주요 기관, 경제단체, 금융기관, 외국대사관 및 문화원, 전국대학 도서관, 협력단체 리스트를 요청한다. 2~3일 정도 후에 주소와 연락처가 삭제된 리스트를 받을 수 있다. 주소 등은 DM사의 노하우로 공개되지 않는다.

관련내용을 분류해서 윗선으로 보고하면 손쉽게 외부 발송 리스트를 정할 수 있다.

내부 직원
배포

내부 직원에게는 각 1부씩 제공하거나, 부서당 1부를 비치한다. 나머지 부수는 홍보팀에 보관한다. 최근에는 축약본을 만들어 임직원에게 1부씩 배포하고, 신입사원 연수 때 교육용으로 사용하는 곳이 많다. 다음 사사가 간행될 때까지 사료를 요청하는 곳이 많으므로 잘 보관하고 남은 부수를 관리한다.

대내외에 사사 발간을 알린다

사료 이관

사사 제작이 완료되면 작가나 전문회사에 보냈던 사료들을 수거한다. 철저히 관리해도 100% 이관 받기는 힘들다. 특히 사진이나 필름 등은 유실되기 쉬우므로 전문회사에 사료를 넘기기 전에 반드시 대장을 관리해두어야 한다.

사료가 다 수거되면 별도의 분류체계와 관리대장을 만들어 역사관으로 이관한다. 만약 역사관이 없다면 홍보팀 내 캐비닛에 관련철을 만들어 보관한다.

사사 백서

사사 제작과정을 백서로 만들어두면 10년 후에 다시 사사를 만들 직원들에게는 큰 도움이 될 수 있다. 백서 제작은 생각보다 쉽다. 처음 사사를 만들기 위해 입안했던 내용, 업체 선정과정, 업체와 주고 받은 이메일, 사료, 작가에게 보낸 자료, 그간의 회의록 등을 모두 출력한다. 새로 만드는 자료가 아니라 기존에 오고간 자료를 모두 모아 시간 순으로 배치한다. 그것을 그대로 제본하면 훌륭한 한 권의 백서가 된다.

보도자료 작성

사사 발간을 외부에 알리기 위한 가장 좋은 방법은 신문에 기사가 나는 것이다. 그러나 사사 발간만을 목적으로 하면 흥미가 떨어진다. 보도자료에 밝혀지지 않은 하나의 사건을 예로 들어 소개하고, 그러한 내용이 사사에 담겨 있다고 보도자료를 배포한다.

다음은 D그룹의 사사가 보도된 내용이다.

지난해 창립 40주년을 맞은 D그룹이 올해 들어 뒤늦게 지난 역사를 담은 사사(社史) 책자를 내놓으면서 오너 일가와 회사 발자취에 관한 다양한 뒷얘기를 소개, 눈길을 끌고 있다. 재계에 일부 알려져 있는 이야기지만 고 000 회장이 000 현 회장을 비롯해 000 회장, 000 회장 등 3남에게 물려준 글귀가 모두 이들 2세의 성격과 기질을 파악한 뒤 의미를 두고 던진 메시지라는 것도 책자는 소개했다. (중략)

D그룹이 창사 이래 최대 위기를 겪었던 1998년 초 그룹 구조조정 작업의 막전막후도 소개됐다. 당시 000 회장은 모기업의 부도설이 금융권 등에 파다하게 번지면서 계열사들이 연쇄부도 위기에 몰리자 계열사를 전격 통합했다. 특히 이 과정에서 000 회장은 주거래은행에 "합병에 따른 문제를 도와주면 모든 걸 바쳐서라도 사회적 물의를 일으키지 않고 채권은행에 피해가 안가도록 하겠다. 합병 후 경영이 제대로 안되면 모든 것을 포기하겠다"고 약속했다고 책자는 전했다. (중략)
- 00뉴스 2007. 06.

고민의 끝?
맨 땅에 역사의 씨앗 뿌리기

새로운 출발점에 서서

"절대적으로 부족한 자료 수집에 한계를 느낀 우리는 생존해계신 원로임원들의 구술에 의존하여….(중략) 초대전무 고 ○○○님 댁을 방문했을 때 다 부서져가는 장롱 밑에서 그의 체취가 담긴 비망록과 사진을 찾았을 때의 가슴 뭉클한 기억은 지금도 새롭습니다.

– A식품 60년사 편찬후기 중에서

기간이 짧다는 점이 아쉽기만 하다. 그러나 무엇보다 아쉬웠던 점은 충분한 자료가 거의 없었다는 사실이다.

– B그룹 50년사 편찬후기 중에서

상장 이전의 자료는 거의 다 폐기되어 중요한 것은 거의 없었습니다. 다행히 창고 정리를 해나가는 동안 과거 기록이 단편적으로 발견되어 유추할 수 있었습니다.

– 일본후지필름 120년사 편찬후기 중에서

사사를 인쇄하기 직전 담당자가 마지막으로 하는 업무는 바로 편찬 후기 작성이다. 약 1년 가까이 사료와 원고와 싸웠던 순간들이 스쳐 지나간다. 결코 쉽지 않은 과정이었음에는 분명하다. 자랑스러운 마음 한 편으로 아쉬움도 진하게 남는다. 그렇게 한 줄 한 줄 소감을 적어 나간다.

편찬후기에는 사사 담당자들이 느꼈던 고민과 문제점이 고스란히 적혀 있다. 대부분 사료의 부족이다. 한 장의 사진을 찾았을 때의 환희, 결국 사료가 부족해서 포기해야 했던 일들이 적혀 있다. 그리고 새로운 다짐의 말들이 적히게 마련이다.

읽히는 사사를 만들기 위해 에피소드와 사진 수록 비중을 높였다. 그러나 우리의 기록이 제대로 정리된 것인지 의문이 든다. 후대에 그 과제를 남긴다.

– C그룹 40년사 편찬후기 중에서

어쩌면 사사 제작은 한 시대의 마무리이자 새로운 시대의 출발점이다. 사료적인 측면에서도 마찬가지다. 새로운 사료 관리 시스템의 새로운 출발점인 셈이다.

사료 관리 시스템 구축을 꿈꾸며

이제 담당자가 남겨야 할 마지막 보고서는 사사 제작 결과 보고서 외에 한 가지가 더 있다. 사사 제작을 하면서 얻었던 교훈을 남기는 일이다. 다음과 같은 형태의 보고서가 가능하다.

사료관리시스템의 필요성

• 기업 경영에 필요한 각 자료의 DB화

• 특히 영상 및 이미지 데이터는 활용도가 높다는 점에서 DB화 필요성 제기

기본적인 DB의 조건

• 검색 기능, 장기보관용 저장 기능, 접근성 용이, 기밀 유지

사료관리 시스템의 세 유형

• 공유 중심의 사료 관리, 활용을 위한 웹 기반 사료 관리, 경영자원의
  총 집합체로서의 사료관리

3가지 유형의 특장점

구분	공유 중심의 사료 관리	활용을 위한 웹 기반 사료 관리	경영자원의 총 집합체로서의 사료관리
특성	온/오프라인 병행 가능 오프라인의 경우 보안상 유리	온라인으로만 처리	온/오프라인 병행 별도의 대용량 서버 구축
장점	저렴한 비용 별도 교육 필요 없이 사용	전 직원의 높은 활용도	최신 자료 및 과거 자료 총망라 업무 역량 제고 가능
단점	오프라인의 경우 활용도 저하 온라인의 경우 보안 문제	고비용 데이터 수시 업데이트 별도의 관리 지원 필요	막대한 비용 필요 별도 관리시스템 필요

　　더 상세한 보고 양식이 필요하지만 서두를 이 정도로 시작한 후 전문회사의 도움을 받으면 기업 상황에 맞는 마무리 보고서를 작성할 수 있다.

　　앞서 말했듯이 사사의 마지막은 새로운 사료관리 시스템의 전 단계여야 한다. 그것이 사사를 만든 가장 중요한 목적 가운데 하나이기 때문이다.

사사는 만들지 않더라도 사료수집은 계속 되어야

마지막으로 기업 담당자들이 가져야 할 자세 한 가지를 말해두고 싶다. 최근에 사사 제작에 관한 문의를 받은 적이 있다. 그는 고충부터 토로했다.

"30년사를 만든 이후 내년이 40주년 기념해입니다. 최근 10년 동안 기업 내 인수합병, 해외진출 등 정리해야 할 내용이 굉장히 많습니다. 그래서 사사 제작 보고를 건의했더니 부정적인 반응이었습니다. 40년사를 제작한 사례가 많습니까?"

물론 수많은 기업들이 40년사를 제작한다. 위에서 40년사 제작을 꺼려 한 이유는 단 하나였다. 4라는 숫자가 불길하다는 이유였다. 위의 반응과는 달리 담당자의 생각은 확고했다.

"최근 10년간 우리 회사 변모상은 과거 30년과는 비교도 되지 않습니다. 게다가 기업환경이 순식간에 바뀌는 시점에서 40년을 건너 50년사를 만든다면 그 공백이 너무 큽니다. 게다가 아무리 사료를 잘 모아둔다고 해도 정리되지 않다보면 사라질 공산도 크다고 들었습니다."

그는 과거에 다른 회사에서 사사 담당자로 일한 경력이 있었다. 그는 사사가 단지 출간에 목적이 있는 것이 아님을 잘 알고 있었다.

결국 그 회사는 40년사 발간은 하지 않되 사사 제작과 동일한 프로세스를 거쳐 사료집을 묶어 내부보관하기로 했다. 10단계 사료수집 시스템을 그대로 적용하고, 현직 임직원들 대상으로 인터뷰하는 것으로 40년사 제작을 대체했다.

당시 담당자의 일처리 방법을 보고 혀를 내둘렀다. 사사의 목적을 정확히 이해하고 있을 뿐 아니라 기업의 미래까지도 고민하는 흔적이 역력했다. 그가 했던 말은 어쩌면 우리가 사사를 만들고 널리 읽히려는 목적일지도 모른다.

"후세가 우리의 과거 기록을 통해 교훈을 찾을 수 있는지는 모릅니다. 우리가 지금 해야 하는 일은 교훈을 찾을 수 있는 토대 즉, 기록을 남기는 것입니다."

사사제작 Q & A · 용어설명

사사 제작 Q&A

 본문 중 실무자에게 반드시 필요한 내용을 골라 Q&A 형식으로 풀었다. 사사 편찬 전반에 관한 업무는 위탁을 받은 사사 제작 전문업체가 맡는다. 기업 실무자는 이해 관계자 간에 조율과 내부 보고를 주로 맡게 된다. 내부 보고가 무엇보다 중요하다. 보고를 누락하거나 잘못하면 배가 산으로 갈 수 있다. Q&A는 보고에 참고하거나 보고서에 바로 적용할 수 있는 것들이다.

Ⅰ. 사사는 무엇인가?

Q. 사사를 만드는 당위성은 무엇입니까?
A1. 사사는 말 그대로 기업의 역사서입니다.
 사사는 기업과 기업인의 활동을 총체적으로 종합 정리한 기업 역사서입니다. '내부에 축적된 역사적 자료를 발굴·취합하여 시대별·분야별로 체계화한 사서'로 정의됩니다. 1980년대 이후 사회 사료로서 가치가 높아지는 추세입니다.

A2. 사사는 미래 경영을 위한 지침서이기도 합니다.
 우리가 과거를 정리하는 이유는 교훈을 얻기 위해서입니다. 실제로 역사를 살펴보면 위기-기회-성장의 단계가 반복됩니다. 과거에는 어떻게 위기에서 벗어났는지 점검한다면 단서를 찾을 수 있습니다. 잘 정리된 과거는 미래를 가늠할 수 있는 훌륭한 경영 정보나 마찬가지입니다.

A3. 사사는 기업문화를 표현하는 척도입니다.
 역사적 사료가 담긴 충실한 사사는 기업문화의 지표로 활용됩니다. 경영문화는 기업의 중요한 무형자산이기 때문입니다. 역사를 통해 기업문화가 어떻게 자리매김해 왔는지 확인할 수 있습니다.

Q. 사사, 어떻게 시작해야 합니까?

A1. 가장 중요한 것은 사사를 만드는 목적 설정

발간목적 설정이 선행되어야 합니다. '무엇을 위해 사사를 발행하는가?'라는 목적은 '어떠한 시점에서 편찬할 것인가?', '무엇을 소중히 다룰 것인가?'하는 과정의 해답이 될 것입니다.

A2. 기업의 성장 비결을 다루는 것이 중요

기업문화가 형성되는 과정, 창업정신 구현을 위해 노력해온 과정 등을 통해 성장 비결이 드러나야 합니다. 자연히 여러 역경을 극복하는 데 기여했던 논리와 경험담이 수록됩니다.

A3. 일반적인 목적 설정의 예시(대내적)

구분	내용
경영자료의 보존과 계승	**경영철학의 내부 공유를 통한 일체감 조성** 경영방침 및 철학의 객관적 방침을 통한 성공비결 제시 기업경영의 장·단점 분석을 통한 방향 모색
기업경영의 지침서	**후대에서 배울 수 있는 경영 자산** 성공의 역사를 통한 방향 제시 실패를 극복하고 굳건하게 일어선 교훈의 정립
회사 및 임직원의 아이덴티티 확보	**회사의 위상과 존립, 가치 부각** 애사심 고취와 동질성 확보 신입사원들의 교육 자료로 활용
기업문화 계승 발전	**내부 임직원의 기업문화 공유** 성공사례 발굴을 통한 경험 공유 회사의 방침과 기업이념의 전파와 공유
창립기념행사의 이벤트	**사원들의 자긍심 고취** 사원들에게 뿌리 깊은 역사의 발자취 교육

Q. 사사, 외부에 홍보가 됩니까?

A1. 사사를 찾는 외부인은 생각보다 훨씬 더 많습니다.

사사가 간행되면 가장 먼저 외부기업과 정부기관, 관공서 및 언론기관, 도서관 등지에 배포됩니다. 최근 들어 사사는 훌륭한 홍보수단으로 각광받는 추세입니다.

A2. 일반적인 목적 설정의 예시(대외적)

구분	내용
기업 이미지 구축	**기업의 소명과 지속가능경영에 대한 의지** • 업계나 기관, 사회와 고객에까지 널리 알려 기업이미지 제고
업계나 학계 연구자료로 활용	**업종 및 연관 분야에 대한 상세한 서술** • 도표, 연표 등은 소중한 기록의 의미를 담고 있는 사회적 자산
언론 홍보의 가치	**언론사에 배포, 긍정적 이미지 구현** • 사사를 만드는 기업은 안정적이라는 인식이 있음 • 기사 작성시 참고자료로 활용되면서 긍정적 이미지 전달

Q. 어떤 기대효과를 누릴 수 있습니까?

A1. 수많은 기업들이 많은 홍보 효과를 거두었습니다.

구분	내용
A그룹 60년사	**국내 최초의 스토리텔링형 그룹사** • 옥스퍼드대학, 하버드 엔칭연구소에서 장서 요청 • 중앙일보 기자로부터 사사 요청 • 대표이사의 해외출장시 증정용으로 활용
B 사무기기 50년사	**국내 사무기기의 최고 선구자로 인정** • 사무기기 발달사를 수록함으로써 사무기기의 선구자로 각인
C전자 40년사	**C전자 시각이 반영된 기초사료로서 학계 및 언론계에 널리 배포** • 각 언론사 및 대학들의 장서 요청 • 현재 C전자 관련 논문 중 상당수가 이 책을 근거로 작성

A2. 기업 내부적으로도 긍정적인 효과가 큰 것으로 평가되고 있습니다.

구분	내용
A 그룹 50년사	**내부 사료의 내실화** • 최근의 역사가 인수, 합병의 역사이므로 자료 보관이 전무한 상황 • 각종 언론보도자료, 주총공고, 잡지, 인터뷰를 통해 인수 이전 기업의 재무제표 복원, 사료의 복원에 따라 기업 홈페이지 내실
B 은행 50년사	**임직원 일체감 고취** • 전 직원의 사진을 수록, 사사 제작 자체가 '축제의 章'으로 자리매김 • 임직원의 화합과 협동의식 고취 효과
C 협회 20년사	**사료 확보 및 화제성** • 과거 관련 인사들의 상세한 인터뷰 수록으로 업계에 화제 • 기사 작성시 참고자료로 활용되면서 긍정적 이미지 전달
D 산업 발전사	**관련 업계 인사들의 활용도 제고** • 상세한 자료 수록으로 업무에 활용 • 관련 업계 브로슈어 및 각종 자료의 데이터 기준으로 자리매김
E 공사 50년사	**직원 중심의 사사** • 과거 임직원의 인터뷰 녹취록을 바탕으로 별도의 野史集 제작 • 임직원들의 휴머니즘 표출
F 건설 60년사	**희귀자료 발굴** • 임원 및 선대회장의 개인앨범에서 창업 초기 자료 다수 발굴 • 임직원의 역사 보존의식 고취 효과
G 그룹 80년사	**희귀자료 발굴** • 문서창고에서 1930년대 정관 발견, 기업내 사료 가치 극대화
H 보험 50년사	**활용성 및 사료적 가치** • 효율적인 분권(본책+별책+사료집+디지털 사사)으로 활용 극대화 • 보험의 역사를 체계적으로 정리, 학술적 가치 제고
I 신문 20년사	**전시회와 연계** • 사사 제작을 사료 전시회와 연계 • 사료에 대한 인식 제고 효과
J 전자 50년사	**애사심을 위한 기획** • 임직원 배포용 별책을 1,000부 제작하여 애사심 고취 • 6개월 단기 프로젝트로 추진

II. 다른 기업은 어떻게 만들었는가?

Q. 우리나라 기업들은 사사를 많이 만들고 있습니까?

A. 지금은 상당수 기업들이 사사를 만들어 배포하고 있습니다. 역사의 중요성에 대한 인식이 날로 커지기 때문입니다.

우리나라 기업들은 해방 이전부터 사사를 발간해 왔습니다. 최근 들어 사사 발간 사례는 급격히 늘어나고 있는데, 경영사학회는 그 이유를 '경제가 발달할수록 기업이 과거에서 교훈을 찾기 때문'이라고 말합니다.

시기	내용			
	권 수	사사	교회사, 학교사	특징
해방 이전	103	103	–	• 일제 영향으로 이른 시기 사사 시작 • 일본어 전용 사사
1945~1959	31	24	7	• 국한문 혼용 사사 • 금융권 중심으로 사사 발간
1960~1969	88	69	19	• 국영기업 중심으로 사사 제작의 필요성 제기 • 우리나라 사사의 도입기
1970~1979	250	164	86	• 50년이 넘는 개인기업 사사 등장 • 언론사들이 사사 발간에 참여
1980~1989	631	379	252	• 사사 발간이 본 궤도에 오른 시기 • 대기업그룹, 언론사, 금융기관 중심으로 간행
1990~1999	1,298	734	564	• 경영진의 적극적인 사사 마인드 고취 • 사사의 급격한 성장, IMF 영향으로 후반기에 위축
2000~2010	1,670	1,152	518	• 위기극복의 중요성이 제기되면서 사사 활성화 • 기업문화를 위해 발간하는 기업이 대폭 증가
2011~2016	1,978	1,270	708	• 중견기업들도 사사 간행 시작 • 경영은 물론, 글로벌 진출의 의의를 조명하는 기업 증가

Q. 다른 회사는 사사를 어떻게 만들고 있습니까?

A1. 사사에도 트렌드가 있습니다. 2000년대, 2010년대 초반까지는 시대별 트렌드를 반영한 사사가 많았습니다. 최근 들어 다양한 사사들이 제작되는 추세입니다.

1990~2000년대 기업사 트렌드

집필	• 통사, 부문사 등 단순 구성 • 사건의 흐름 파악에 주력 • 외부 작가 또는 내부 집필
외형	• 장서 형식 • 500쪽 이상의 방대한 분량 • 포크로스(천) 양장 제본 • 1권 2책(화보와 본문 구분) • CD 등 제작
기획 및 진행	• 내부 전담자가 전체 총괄 진행 • 전문회사는 디자인 부분만 담당
조직	• 편집위원회:임원진 중심으로 실무보다는 의사진행 결정
총평	**• 딱딱한 문체의 역사 서술과 더불어 방대한 분량으로 자료 보관과 역사 복원에 충실**

2010년대 기업사 트렌드

집필	• 기업사를 입체적으로 조명하기 위해 분야별 부문사 강화 • 테마사, 인터뷰, 문화사 등 다양한 원고 구성 • 사사 전문작가에 의한 집필
외형	• 판형의 다양화 • 분권화를 통한 슬림화(1권2,3,4책) • 포크로스(천) 양장 제본 • 온라인 사사
기획 및 진행	• 전문회사가 자료수집부터 디자인 및 인쇄까지 전담 • 사내 실무자는 의견 조율과 행정적 협력 담당
조직	• 실무팀 중심의 편집위원회 구성
총평	**• 각 기업의 사사 발간 목적에 맞춰 다양한 형태와 특화된 구성의 사사 제작이 활성화됨**

Q. 다른 회사의 최근 사례 중 주목할 만한 것은 무엇입니까?

A1. 사례집을 제작, 대량 배포한 사례입니다.

A보험 50년사는 편찬 초기부터 단순히 과거를 정리하는 두꺼운 역사책이 아닌, 읽히는 사사, 의미 있는 사사가 되도록 많은 고민을 하였습니다. 이런 의미에서 〈1권 통사〉와 〈2권 희망사례집〉을 별도로 제작하였습니다.

- A보험 50년사 편집후기 중에서

A2. 화보 중심의 사사가 제작된 사례도 있습니다.

우선은 '사사는 읽히지 않는 책'이라는 고정관념을 탈피하고자 70년 역사와 임직원들의 모습들을 섹션 별로 구성하여 되도록 화보만으로도 내용을 쉽게 이해할 수 있도록 많은 시각자료들을 수록함으로써 실용적이고 쉽게 읽히는 사사 만들기에 역점을 두었다.

- B 금속 70년사 편집후기 중에서

A3. 키워드를 통해 이야기 형태로 풀어내기도 합니다.

TFT는 전체 20년 역사 중에서 최근 10년의 역사를 어떻게 정리할 것인가에 포커스를 맞춰 전체 구성과 집필방식에 대해 수차례 논의하였다. 그 결과 20년 전체 역사는 주요 사건을 중심으로 한 키워드사로 정리하였다.

- C 전자 20년사 편집후기 중에서

A4. 브랜드 발전사로 회사 역사가 표현됩니다.

브랜드사는 제품의 우수성, 출시 시기, 광고효과, 판매량, 회사에 끼친 영향과 이에 따른 경영 성과에 대해 기술하고 디자인 자체도 차별화를 두어 독자에게 브랜드에 대한 많은 정보를 제공하고 브랜드 이미지를 극대화하여 홍보 효과도 같이 가져갈 수 있게 했다.

- D 음료 30년사 편찬후기 중에서

A5. 에세이 형식으로 가볍게 읽을 수 있는 사사도 제작된 바 있습니다.

　H연구소 사사는 역사 서술 중심의 딱딱한 일반 사사와 달리 생생한 현장을 보는 듯한 소프트한 구성과 경영에세이 형식의 대중서로 만들었다. 알려지지 않은 기업 역사 속 비화, 기업 문화 등을 생동감 있게 서술해 감동과 재미를 배가했다.

– 연합뉴스 2008년 7월 7일 기사

III. 사사, 기본 내용은?

Q. 사사에 반드시 필요한 구성요소는 무엇입니까?

A1. 명확한 틀은 없습니다. 단, 일반 사사들은 공통점을 갖고 있습니다.

사사에는 큰 카테고리가 있습니다. 기업의 특성에 따라 변화를 주기도 하지만, 대개는 세 가지 범주에서 크게 벗어나지 않습니다. 세 가지의 카테고리는 화보편, 본문편, 자료편으로 구분되며 특성에 따라, 또는 제작 목적에 따라 구성비율이 달라지기도 합니다.

A2. 화보, 본문, 자료편은 다시 세분화됩니다.

각 편은 약 세 가지 정도로 다시 분류되며, 이처럼 중분류된 내용이 사사의 전체 기둥을 이루게 됩니다. 화보편은 이미지화보, 연혁화보, 현황화보로, 본문편은 연혁본문, 현황본문, 미래비전 등으로 나뉩니다. 자료편은 비주얼 자료, 통계자료, 기타자료로 구분됩니다.

A3. 구성 체제에 변화를 주기도 합니다.

최근에는 기업의 특성에 맞추어 구성 형식이 달라지는 경우가 많습니다. 기업의 현황본문, 미래비전을 수록하지 않거나, 이미지화보를 빼기도 합니다. 자료편도 이전과는 달리 기업의 특성에 따라 내용이 구성됩니다. 따라서 기획방향이 올바로 제시되고 이러한 내용이 제대로 협의되어야 기업의 특성에 걸맞는 사사가 탄생합니다.

필수게재	화보	본문	자료
속표지 이미지화보 발간사(축사, 기념사) 목차, 일러두기	역사화보(연혁화보) 현황화보 자료화보	연혁본문(통사) 현황본문(테마사) 기획기사 인터뷰, 좌담회 등	기록자료 시각자료 통계자료 연표

Q. 사사는 반드시 A4 크기를 기반으로 합니까?

A1. 우리나라 사사의 90% 이상은 그렇습니다.

1950년대까지는 A4(5×7배판)와 B5(4×6배판) 크기가 혼재했습니다. 1960년대~1980년대까지는 B5가 대세였습니다. 1990년대 이후부터 사진을 크게 사용하면서 A4가 주류를 이루게 되었습니다. 물론 최근 들어서면서 다양한 판형들도 증가하고 있습니다.

A2. 지나친 변형 판형은 보관이나 편리성, 경제성 측면에서 좋지 않습니다.

차별화를 위해 변형판형을 사용합니다. 그러나 사사의 생명력이 최소 10년임을 고려한다면 보존하기 편리한 판형이 좋습니다. 우리나라 도서관은 지나치게 크거나 특이한 판형, 작은 판형의 책자는 별도의 외진 구석에 보관하는 경향이 많다는 점도 고려해야 합니다.

Q. 어떤 사사는 두 권으로, 어떤 사사는 한 권으로 제작되는 데 그 이유는?

A1. 활용성과 편의성 때문입니니다.

과거 사사는 아주 두꺼웠습니다. 500면 이하 사사는 '사사도 아니다'라는 인식도 있었습니다. 자연히 너무 무겁고 두꺼웠으므로 두 권으로 분권하기 시작했습니다. 최근에는 300면 이하 사사도 많지만 편리성을 위해 분권하기도 합니다.

A2. 분권의 최소 기준도 살펴야 합니다.

600면을 기준으로 그보다 분량이 많으면 분권을, 그 이하에는 단권을 추천합니다. 분권할 경우에는 다음과 같은 형태가 가능하니, 특성에 맞추어 기획하면 됩니다.

① 본책: 본문+소량의 화보+부록, 별책: 화보 중심
② 본책: 본문+화보, 별책: 부록(자료)중심

③ 본책: 본문중심, 별책1: 화보중심, 별책2: 부록중심

Q. 반드시 사사는 양장제본이어야 합니까?
A1. 오래 보관하기 위해 튼튼한 양장제본이 많이 사용됩니다.

과거에는 가장 튼튼한 포(布)크로스가 대중적으로 사용되었습니다. 그러나 포크로스는 천이므로 인쇄가 불가능하다는 한계가 있습니다. 최근에는 지(紙)크로스 양장제본도 많습니다.

A2. 효과를 높이기 위해 다양하게 제작하는 사례도 많습니다.

포크로스 양장제본은 가격이 비쌉니다. 따라서 용도에 맞춰 제본하는 사례가 늘고 있습니다.

A그룹 50년사 사례

유형	용지	부수	제본 형태
해외 발송	로열아트	700부	포크로스 양장제본
국내 주요인사	로열아트	800부	포크로스 양장제본
일반 배포	스노우화이트	2,000부	지크로스 양장제본

Q. 전문회사, 언제 선정하는 것이 좋을까요?
A. 기본계획안 도출 이후가 가장 바람직합니다.

가급적 초기 단계에서 전문회사를 선정해야 유리합니다. 사사 제작 및 기초적인 방향(발간 목적, 기본적인 외형 정도)만 어느 정도 정해진다면 전문회사를 선정, 그들의 다양한 사례와 노하우를 반영하면 오류를 줄일 수 있습니다.

사사 제작은 장기간 걸리는 프로젝트이므로 많은 변수가 있습니다. 그것을 줄이는 데 많은 도움이 됩니다.

Q. 전문회사 선정시, 어떤 방법이 좋나요?

A1. 전문회사는 다양하므로 특성을 파악하는 것이 좋습니다.

집필작가가 중심인 회사, 디자이너가 중심인 회사 등 다양한 전문회사들이 있습니다. 가장 바람직한 회사는 집필작가가 내부에 있는 곳입니다. 사사 제작 기간의 80% 이상은 집필에 소요됩니다. 우수한 작가가 운영하는 회사가 가장 바람직합니다.

실제로 디자인에 문제가 생기면 1개월만에 수습되지만, 원고에 문제가 생기면 사사 발간 프로젝트는 실패하고 맙니다. 대개의 전문회사들은 계약직 프리랜서 작가들을 활용하는 데, 그 경우 많은 난점이 있습니다. 작가가 중간에 교체되는 경우도 허다하고, 어떤 작가가 좋은지 확인하기 쉽지 않습니다. 따라서 전문회사 관계자, 특히 작가를 직접 면담하는 것이 중요합니다.

A2. 프리젠테이션이나 심층 면접 방식이 좋습니다.

일반적인 것이 프리젠테이션입니다. 10분~20분 남짓 되는 발표 시간 동안 사사의 복잡한 구성, 집필, 기획, 디자인, 추가 활용방안 등을 설명받고 이해하기란 쉽지 않습니다. 2곳, 내지 3곳의 회사를 먼저 선별하고 그들을 대상으로 PT하거나 심층면접하는 것이 좋습니다.

어떤 사사가 우리 회사에 적합한지 질문하고, 집필방식, 사사에 대한 철학, 기대효과 등 수많은 질문을 던진다면 회사와 작가의 전문성을 파악하는 데 도움이 됩니다.

Q. 사사의 발간, 반드시 창립기념일에 맞춰야 하나요?

A. 사사의 활용도에 따라 다양한 방법이 있습니다.

대개 창립 10주년, 20주년, 30주년, 40주년, 50주년 등 10년 단위의 창립기념일을 사사발간 시점으로 정합니다. 창립기념일 행사를 책에 담으려면 그 해의 실적까지 모두 담아 이듬해 출간하기도 합니다. 합병이나 사명 변경 등 중요한 경영이슈가 있을 때 발행하는 회사도 많습니다.

구분	창립일	사사 발행일	창립기념일 포함 여부
A 그룹 40년사	10월 25일	12월 20일	포함
B 신문 20년사	2월 4일	9월 10일	포함
C 전자 40년사	1월 12일	12월 1일	기념일 출간
D 건설 50년사	1월 30일	1월 20일	기념일 출간

Ⅳ. 사사 제작 실전 가이드

Q. 몇 부 정도 발간해야 좋을까요?

A. 내부 임직원에게 어떻게 배포할 것인지 확정하는 것이 관건입니다.

대부분 사사는 일반적으로 관공서, 국공립 도서관, 대학 도서관, 전 현직 임원, 언론사로 보냅니다. 따라서 직원들에게 나누어 줄 기준을 결정하는 것이 선행되어야 합니다. A중공업은 전 직원에게 배포했으므로 13,000부 이상 제작했습니다. 일반적으로 1,500부~3,000부 정도입니다.

사례	제작 부수	외부 발송	비고
A 그룹 60년사	4,000부	2,165권	도서관 399, 행정기관 대사관 408 언론사 137, 퇴직임원 782 계열사 90, 기타 349
B 전자회사 30년사	2,000부	1,000부	도서관 196, 행정기관 179, 언론사 149, 관계사 283, 기타 193
C 사무기기 50년사	1,500부	948부	도서관 494, 행정기관 366, 언론사 88

Q. 편찬위원회는 반드시 구성해야 하나요?

A1. 가급적 이른 시간에 구성하면 업무에 속도를 낼 수 있습니다.

사사 제작에는 회사 의견 총합이 중요합니다. 따라서 편찬위원회를 통해 업무를 추진하는 것이 좋습니다. 오너 지시사항이라 해도 편찬위원회가 전면에 나서야 사내 소통, 사료 수집 등 여러 측면에서 추진력을 가질 수 있습니다.

A2. 편찬위원회의 주요 역할은 다음과 같습니다.

프로젝트가 진행되는 수 개월 동안 주요 보고는 4차례 정도에 걸쳐 이루어집니다. 종합구성안-가목차-원고감수 결과 및 디자인 시안-최종 보고 등입니다. 사사 편찬위원회는 전체 제작방향 결정, 가목차 감수, 집필작가와의 인터뷰, 디자인 시안 확정, 원고감수, 최종 감수 등의 역할을 하게 됩니다.

Q. 사사 기획, 진행이란 어떤 업무를 말하는 건가요?

A1. 전문회사가 일 할 수 있는 여건을 제공해야 합니다.

- 기획업무 1 : 사사 편찬 목적과 의의를 구체적으로 드러나게 하는 일
- 기획업무 2 : 제호, 책의 크기, 페이지 수, 발간 부수, 용지, 컬러 유무, 인쇄 제본 등 편찬 목적 및 의의에 걸맞는 아이디어를 구체화시키는 과정

A2. 진행은 기업에서 실제로 행해야 하는 일입니다.

- 진행업무 1 : 큰 틀에서의 일정관리
- 진행업무 2 : 회사의 입장에서 실무 대행(사료 수집, 인터뷰 일정 주선 등)
- 진행업무 3 : 주요 단계에서의 감수 및 관리

Q. 사료 수집, 어떤 단계를 거쳐 이루어지나요?

A1. 사료 수집의 정답은 '사내에서 사외로', '책상보다는 현장으로'입니다.

- 1단계 : 가장 먼저 기업의 창고와 역사관, 각종 사료를 수집, 분석합니다.
- 2단계 : 기업의 비중과 위상, 규모와 성격에 따라 사회적으로 미치는 영향 등을 조사합니다.
- 3단계 : 인터뷰 진행시, 인터뷰이를 통해 주요 자료를 확보합니다.

A2. 자료의 진위여부가 중요합니다.

- 교차 크로스 : 기본 연표 작성시, 모든 데이터를 크로스 확인합니다. 오류 발견시, 퇴직임원, CEO인터뷰 당시 확인과정을 거칩니다.
- 내부 자료 우선 : 언론 기사는 오류가 많으므로 먼저 내부 사료를 기본으로 합니다.

A3. 내부 임직원의 참여를 독려합니다.

포스터 부착, 사내 광고, 인트라넷 등을 통해 사료를 수집합니다.

A4. 수집된 자료는 체계화 분류화 과정을 거칩니다.

매트릭스 시스템을 적용합니다.

구분	환경	경영	마케팅	R&D	기타
시대	사회환경	임원진 동향	수익 구조	산업재산 현황	세계화 추진
	업계동향	전사적 조직활동	매출 현황	연구실적	조직변천
	정책자료	계열사 및 관계사	기타 실적	로열티 현황	노동문화
지표	사내외 언론	주요 프로젝트	대차대조	주요 수상	

Q. 사사의 서술방식에는 어떤 것들이 있습니까?

A. 작가가 초안을 작성합니다만, 주요 용어는 알아둘 필요가 있습니다.

유형	집필 방안	사사의 적용 방안
기전체	• 인물의 행적을 중심으로 서술하는 체제 • 같은 내용이 여러 편으로 나누어지고 연대가 중복되므로 전후 관계를 명백히 하기 어려운 단점 • 설립자 등 회사의 성장·발전에 공이 큰 주요인물 중심의 내용 전개	본사 / 개인사 / 부문사로 구분 창업주 중심의 사사 제작시 유리
편년체	• 역사적 사실들을 순서대로 구분하여 집필 • 사건의 흐름 이해에는 유리하나, 주요 사실이 주목되지 못하는 단점이 있음	순차적인 작업 필요 자료가 부족할 경우 집필 불가능
기사본말체	• 사건별로 원인과 결과를 밝히는 역사 서술법 • 일반적으로 사사에서 가장 많이 사용됨	가장 이상적인 형태이긴 하지만 원인과 결과로 이어지는 과정까지 상당수 사료와 인터뷰 필요

용어 설명

1권 1책(통권)

한 권 체제로 만든 사사. 모든 내용을 한 권에 담아 간행하는 방식이다. 통권이라고도 부른다.

1권 2책

두 권으로 이루어진 사사. 예전에는 형식에 따라 1권은 화보집, 2권은 본문집으로 많이 제작했다. 최근에는 내용별, 형식별로 구분하여 1권 2책, 1권 3책, 1권 4책 등으로 만들기도 한다.

가목차

작가가 집필 이전에 세워둔 사전 목차. 집필 기간 동안 변동이 생기는 경우가 많다. 애초 머리 속으로 구상했던 것과 실제 집필 사이의 괴리가 있다. 따라서 가목차는 승인되었다고 해도 집필기간 동안 어느 정도 변동된다.

강목체(綱目體)

편년체(編年體)의 일종으로 연대순으로 역사를 기록하는 형식은 같으나 기록 방식에는 약간 차이가 있다. 강목체 사서는 역사를 기록할 때 '강'(綱)과 '목'(目)으로 구분하여 기록한다. 강은 기사의 큰 줄거리를 기록한 것으로 보통 큰 글씨로 기록한다. 목은 강의 하위 항목으로, 강의 내용을 구체적으로 서술한 것이다. 보통 작은 글씨로 기록하거나, 강보다 1~2칸 들여쓰기로 기록한다.

경영철학서

경영인의 이야기를 다루는 한 방식. 자서전과 유사하지만 경영철학을 중심으로 다룬다는 점이 가장 큰 차이다. 평소 경영인이 강조했던 이야기를 중심으로 일대기 및 일화를 구분하여 정리한다.

교열

문서나 원고의 내용 가운데 잘못된 것을 바로잡아 고치며 검열하는 일.

기사본말체(紀事本末體)

역사 서술 체제의 하나. 연대나 인물이 아닌 사건에 중점을 두고 사건의 일부를 처음부터 끝까지 연차순으로 한데 모아 일관성을 지니게 한 기술 방법이다. 인과 관계에 따라 역사를 실증적으로 서술하는 방식으로 이해된다.

기전체(紀傳體)

역사를 군주의 정치 관련 기사인 본기(本紀)와 신하들의 개인 전기인 열전(列傳), 통치제도·문물·경제·자연 현상 등을 내용별로 분류해 쓴 지(志)와 연표(年表) 등으로 기록하는 방법이다.

더미(dummy)

원래는 모형, 모조품이란 의미를 갖고 있다. 편집 및 교정이 모두 끝나고 책자 모형까지 가제작된 상태를 일컫는다.

디지털 사사

2000년대 초반까지는 CD, DVD 등으로 제작되었다. 책을 PDF 파일로 저장하고, 영상을 추가하는 형태였다. 그러나 전혀 활용되지 않았다는 것이 밝혀졌다. 2000년대 후반부터는 스마트폰을 활용한 앱 사사, 영상 사사, e-book 사사 등이 시도되고 있다. 최근에는 반응형 웹 사사가 주목받고 있다.

무선제본

풀이나 본드로 책을 묶는 방식. 가격이 싸고 제작과정이 짧다. 반면 오래 보관하기는 어려우며, 하드커버에는 적합지 않다는 단점이 있다.

별권

정식으로 제작한 사사 외에 별도로 간행하는 사사. 두꺼운 사사를 축약하거나, 영문판이나 중국어판으로 별도 간행하거나, 이야기 형식으로 재구성해서 별도로 간행하는 것이 이에 해당한다.

봉정식(奉呈式)

문서나 문집 따위를 삼가 받들어 올림을 봉정이라 한다. 말 그대로 발간된 사사를 경영진에 공식 보고하는 행사를 가리킨다. 대부분 기업은 창립기념행사 중 하나로 봉정식을 행한다. 별도로 진행하는 경우도 많다.

부문사(部門史)

한 시대에 일어난 여러 사건들 중에서 특정 부문을 상세히 기록하는 기술 양식을 가리킨다.

사료

과거를 정리하는 데 사용되는 역사적 자료. '사료가 없으면 역사도 없다'라는 말도 있듯 역사 구성의 근본이라 할 수 있다. 사진, 명찰, 교복 등 비문서류, 육성 녹음 자료, 영상자료 등의 디지털 자료도 포함된다.

사무국

사사 제작의 실무 책임 부서, 혹은 실무 책임 TFT.

사체(史體)

역사를 서술하는 체계로서 크게 편년체와 기전체로 구분된다.

스토리텔링

'스토리(story) + 텔링(telling)'의 합성어로서 말 그대로 '이야기하다'라는 의미를 지닌다. 즉 상대방에게 알리고자 하는 바를 재미있고 생생한 이야기로 설득력 있게 전달하는 행위이다.

아카이빙(archiving)

보관과 정리를 의미하는 용어다. 이전까지 사사의 주요 목적은 아카이빙이었으나 최근 디지털 기술이 발전하면서 아카이빙 목적은 줄어들었다는 것이 사사 제작업계의 일반적인 견해다.

양장제본
책을 오래 보존하기 위해 실로 묶는 방식이다. 가격이 비싸고 제작공정이 길고 복잡한 대신 튼튼하다는 장점이 있다.

연혁화보
기업의 과거 사진을 화보로 구성해 놓은 지면.

원고 매수
기업과는 달리 사사 업계에서는 글의 양을 원고지 기준으로 산정한다. A4를 기준으로 하면 글자 포인트, 행간, 자간, 편집용지 여백 등에 따라 차이가 크기 때문이다. 따라서 글자 수가 적용되는 200자 원고지 매수가 근거 기준이 된다. 대개 실제 간행되는 A4 책자의 경우에는 페이지당 원고지 6매 정도가 적당하다. 전체 규모가 300면이면 화보, 자료편, 발간사 등을 빼고 나면 220페이지 정도가 된다. 따라서 원고지 기준 약 1,300매로 산정한다.

윤필
거친 초고를 정갈하게 다듬어 새로 쓰는 일. 교열과는 달리 구성까지 바꾸어 원고를 새로 탄생시키는 수준.

이미지 화보
사사의 서두나 말미에 기업이 추구하는 바를 상징화한 화보. 최근에는 이미지 화보를 빼는 경우도 많다. 모호한 이미지가 오히려 기업의 역사나 철학을 전달하는 데 방해가 될 수 있기 때문이다.

자료편
기업의 자료를 한 군데에 모아 데이터화한 자료. 부록이라고도 말한다. 대개 연표, 기록자료(정관, 관계법령, 주요 제품, 산업재산권 보유 현황, 제품 일람, 역대 임원, 임직원 명단), 시각자료(관계사 현황, 주요 설비, 수상 및 시상 자료), 재무제표

(매출, 자본금, 손익계산) 등이 게재된다.

창업전사

사사는 회사의 역사다. 대부분 사사는 창업 전부터 이야기가 시작된다. 창업자의
철학과 창업배경 등이 중요하기 때문이다. 이를 창업전사라고 부른다.

체제

사사의 구성과 외형을 가리킨다. 1권 체제, 2권 체제, 3권 체제 등이 이에 해당한
다.

초고

바탕 원고. 다듬기 전의 원고이므로 거칠고, 정돈되지 않아 보이는 원고다. 다양한
의견을 수렴하여 수정하는 과정을 거쳐야 한다.

축약사(약사)

통사를 아주 적은 지면에 담을 수 있도록 축약한 것.

친환경 인쇄

기업의 이미지를 긍정적으로 보이도록 콩기름 인쇄 등 화학물질을 사용하지 않는
인쇄 시스템이다. 표지에 친환경 인쇄라고 적시하면 기업 이미지 개선에 도움이
된다.

케이스

지함 또는 서함이라고 불린다. 외형의 변형을 막아 오랫동안 보관하는 역할을 하는
데, 양장을 많이 사용한다. 1권 1책인 경우에는 굳이 제작할 필요가 없다.

테마사

통사는 전체 역사를 아울러 시간 순서로 기술하므로 특정 주제를 집중적으로 찾아
보기 쉽지 않다. 따라서 최근에는 특정 주제를 선정, 상세 서술하는 기획이 늘어나
고 있다. 글로벌, 혁신, 기술개발 등 특정 주제의 역사만을 다루어 서술하는 방식

을 테마사라고 말한다. 대표적으로 효성 50년사의 '인물편', '기술개발편', '글로벌 진출편' 등이 이에 해당한다.

통사(通史)

사전적 의미로는 '시대를 한정하지 아니하고 전 시대와 전 지역에 걸쳐 역사적 줄거리를 서술하는 역사 기술의 양식. 또는 그렇게 쓴 역사'를 가리킨다. 서사에서는 전 시대를 통괄하여 서술하는 기술 형태로 이 단어가 사용된다.

판권

책의 주민등록증. 인쇄 및 발행 날짜, 저작자·발행자의 주소와 성명, 책을 만든 이들의 소개가 들어간다.

판형

책의 크기. 예전에는 국배판, 4×6배판 등 일본 인쇄 용어가 사용되었으나 지금은 A4, B5 등 국제 기준에 따라 사사 판형을 말한다. 일반적으로 A4크기인 210×297mm 양식을 국배판으로 말한다. 우리나라 사사의 3분의 2 이상이 이 크기를 기반으로 변형된다. 최근에는 가로를 약간 넓히고 세로를 줄인 220×280크기가 많다. 사진을 디자인했을 때, 시각적으로 장대해 보이기 때문이다.

변형을 지나치게 많이 하면 용지를 많이 버리게 되므로 판형을 결정할 때에는 전문 회사, 인쇄소와 반드시 상의한다.

편년체 (編年體)

역사 서술 체제의 하나. 역사적 사실을 연대순으로 기록하는 기술 방법이다. 연·월·일순으로 정리하는 방식으로 알려져 있다.

편찬실

편찬실의 기능은 집필실과는 다르다. 자료의 정리와 보관이 이루어지는 공간이다. 사사 제작 TFT의 회의, 인터뷰 등이 주로 진행된다.

편찬위원회

사사 제작의 최고 의사결정기구. 그룹은 계열사 대표로, 단일기업은 대표이사가 편찬위원장을 맡는다. 이들의 주요 역할은 전체 제작방향의 결정, 외형 확정, 가목차 감수, 집필작가와의 인터뷰, 디자인 시안 확정, 원고 감수, 최종 검수 등이다.

하드커버

두터운 판지를 이용한 표지. 튼튼하게 제작되어 오래 보관해야 하는 사사에 적합하다. 무게 때문에 활용성이 높지 않다는 지적도 있다. 여전히 국내 대다수 사사는 하드커버로 제작되고 있다.

현황화보

기업의 현재 설비와 모습을 화보로 구성해 놓은 것. 기업이 일상적으로 행하는 행사, 일과 등도 이에 포함된다.

후가공

보통의 인쇄 이외에 별도의 제작물을 부착하거나 등 별도의 특수가공을 하는 경우를 말한다. 대개 표지에 후가공을 많이 한다.